阅读日本
书　系

日本文化的历史

尾藤正英\著　彭曦\译

笹川日中友好基金
The Sasakawa Japan-China Friendship Fund

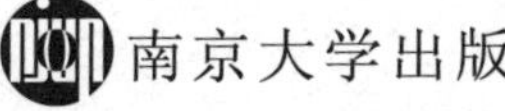
南京大学出版社

图书在版编目(CIP)数据

日本文化的历史 / (日)尾藤正英著;彭曦译. —
南京:南京大学出版社,2010.3 (2019.7重印)
(阅读日本书系)
ISBN 978-7-305-06741-9

Ⅰ.日… Ⅱ.①尾…②彭… Ⅲ.文化史—日本
Ⅳ.K313.03

中国版本图书馆 CIP 数据核字(2010)第 030859 号

NIHONBUNKA NO REKISHI
by Masahide Bito

Originally published in Japanese by Iwanami Shoten, Publishers, Tokyo, 2000.
This Chinese (simplified character) language edition published in 2010
by Nanjing University Press, Nanjing
by arrangement with the proprietor c/o Iwanami Shoten, Publishers, Tokyo.
江苏省版权局著作权合同登记 图字:10-2009-180 号

出 版 者 南京大学出版社
社 址 南京市汉口路 22 号 邮 编 210093
网 址 http://www.NjupCo.com
出 版 人 金鑫荣

丛 书 名 阅读日本书系
书 名 日本文化的历史
作 者 [日]尾藤正英
译 者 彭 曦
责任编辑 田小粟 编辑热线 025-83596027
照 排 南京紫藤制版印务中心
印 刷 南京爱德印刷有限公司
开 本 787×1092 1/20 印张 7.4 字数 132 千
版 次 2010 年 3 月第 1 版 2019 年 7月第 5 次印刷
ISBN 978-7-305-06741-9
定 价 30.00 元

发行热线 025-83594756
电子邮箱 Press@NjupCo.com
Sales@NjupCo.com(市场部)

前　言

现在，日本文化正受到人们的关注。这一方面是为了对我们日本人自身进行认识（确立自我同一性），另一方面也是为了在国际化的浪潮中积极地向世界表明“何谓日本”这个问题。不论是为了什么目的，我们自己是否能说对日本或者日本文化具有明确的认识呢？

这里所说的文化，不是指各种各样的文化遗产以及文化现象本身，虽然也包括那些遗产和现象的，但主要是指对在历史上形成的日本人的生活以及思考方式的整体，特别是对在其中体现出来的民族个性或者特性给予关注、加以思考的概念。那与文化人类学上的文化的意义更为相近。

在所谓日本人论、日本式经营论这些论述的背后，当然有对这种意义上的日本文化的关注。对于那些成果，我们必须给予相应的评价。虽然我们不能说那些论述缺乏从历史视角所进行的考察，但不可否认那种考察是不充分的。在立足于个人的观察或者在海内外的体验的时候，无论在那里显示出多么出色的洞察，仍然难免会有主观随意性。日本式经营论在现实的企业经营中被具体化了，因而比较有说服力，但即便在这种情况下，且不谈一时的成功，在分析它的成立由来、展望未来的时候，也有必要进行历史的考察。

在日本人论等论述中，从历史视角所进行的考察之所以不充分，其责任原本就在历史学家。在第二次世界大战结束前的日本的历史学界，开展的是夸耀万邦无比的“国体”以及自命不凡的传统的历史教育，历史学家为了避免与之发生冲突，将主要精力放在对个别事实的考证上，因而无法站在客观的立场上对国家以及社会的性质及其传统进行考察。将这种实证主义视为历史研究的正统的看法也被战后的学界所继承。战后，由于没有了制约，试图用世界史的基本规律来解释日本史变迁的普遍主义的历史观就取而代之，成为主流，大部分历史学家对日本历史上固有的传统不再关注。在历史研究的主题全都被经济的进步以及政治制度的变迁所占据的时候，历史也就失去了与现代的联系，只能通过进步这一点与现代相连。

在战后改革的过程中，又形成了将过去的传统视为“封建的”事物，并试图将之废弃的风潮，所以也增大了历史与现代之间的断裂。的确，“现代化”的程度得到了提高，但无论在什么样的现代社会，都有来自各个地域以及民族的传统价值体系或价值意识，因为那为人们所共有，所以社会秩序才得以维持。如果与传统断裂的话，那么其价值体系必将消失，社会秩序大概也会瓦解。所幸在战后五十多年，与言论界的动向无关，传统一直在人们的生活中延续，因而社会的健全性也得以保持。不过，近年来，象征社会秩序瓦解的事件似乎在屡屡发生，人们心中的不安正在蔓延。

近年来的考古学热让人联想到历史与现代的断裂。吉野之里以及三内丸山等遗址的参观人数之多超出了人们的预料。尽管原因多种多样，不过最大的原因大概在于在那里可以看到古代日本人生活的具体状况。尽管绳文时代以及弥生时代的生活并非直接与现代人的生活相连，但由于历史学家没有具体地向人们提示连接古代和现在的生活的历史，所以作为生活者的现代人就将视线投向了虽然遥远但很具体的考古学上的时代。即便是为了回应人们的这种关注，我们历史研究者也必须把建构与绳文文化、弥生文化等相同意义的日本文化的历史作为自己的重要任务。

进而，从与世界其他国家的关系来看，有必要留意的是：在日本存在日本文化，那并不像日本人一般认为的那样是不言自明的事实。关于明治维新以后的日本的现代化，欧美人之所以动辄就说那是“猴子学样”，就是因为无视了支撑这一现代化的日本所固有的传统要素。另外，即便在东亚，中国以及韩国也都认为日本文化是大陆文化的变种，根本不承认那是有独特价值的文化。为了改变这种状态，就有必要对日本文化的性质，以及那是如何在历史上形成的这些问题有一个明确的认识。

如上所述，日本文化的历史研究是一个重要的课题，解决这个课题并不是一件容易的事。本书所尝试的只不过是一个素描。本书论述的中心之所以没有放在从文化这一概念很容易联想到的文学、美术、建筑、戏剧以及音乐方面，而是放在宗教、思想方面，固然是因为我个人能力有限，但那并不是所有的原因。更是因为宗教产生于围绕自己以及他人的“死”的思考，而杰出的思想是对人应该怎样生活的解答。由于史料的制约，再现先人的生活不是一件容易的事情，不过那些宗教以及思想应该可以成为与先人进行心灵沟通的渠道。因此，我想一边描述作为其背景的实际生活的状态，一边来回顾日本的文化或者日本人的文化生活的历史。

目　录

第一章　日本文化的源流

日本文化的源流

据说早在二十万年以前，日本列岛就开始有人居住。在 1992 年发现的宫城县上高森遗址，从被推定为六十万年前的地层出土了石器。不过，也有人对这一测定结果抱有疑问。不管怎么说，在所谓冰河时代，因为海面较低，现在的日本列岛与亚洲大陆的陆地相连，在那个时候大概就有人从大陆移居过来了。其中，从现在算起大约一万年以前，也就是公元前 8000 年前后，进入了制作、使用绳文（绳纹）土器的时代，也即绳文文化的时代（通称绳文时代）。那之前的时代，因为还没有使用土器，所以被称为先土器时代，从世界史的角度来看，又被称为旧石器时代，而绳文时代相当于日本的新石器时代。关于先土器时代的研究，自从 1949 年在群马县岩宿发现遗址以来，取得了很大的进展。

绳文土器

一般来说，使用打制石器是旧石器时代，而使用磨制石器的时代则被称为新石器时代。不过，在日本的旧石器时代，在石斧上使用了磨制的刃，这一点比较独特。与此相关，安田喜宪从自然环境的侧面将原始时代以来的日本的文化视为

“森林的文化”的观点受到了人们的关注。可以认为：因为需要利用森林中的树木，所以出现了上述磨制石斧。

贝塚

在气候方面，日本列岛属于季节风地带。不过，同样是季节风地带的南亚呈现的是夏天高温多湿的雨季和冬天的旱季相互交替的形态。日本不仅年降雨量多，而且一年四季都下雨，冬天还下雪。这种气候适合树木生长，而树木则提供了果实等丰富的食物。人们认为绳文土器一开始是用于以供食用的橡子等果实的加热去涩、或野菜、动物的肉的蒸煮。之后，又用来煮海产品。在森林中使用土器的古人大约在一万年前移居到了海边，开始食用鱼类以及贝类，这一点可以从他们的生活垃圾的遗址即贝塚的残存状态推测出来。人们认为作为“森林和海洋的文化”的绳文时代是从那个时候开始的。

因为日本列岛的自然环境富于变化，所以日本的森林也各有特色。大约从五千年前起，以本州岛的中部地区为分界线，在北面形成了延伸至关东、东北地区[①]的山毛榉等落叶阔叶树林带，在南面形成了延伸至九州地区的橡子树等常绿阔叶树林带（所谓照叶林带），即便现在，那种分布状态也都基本上持续下来了。其中，东日本的森林地带果实的种类及数量似乎比较丰富，这个地区绳文文化遗址比较多大概就是因为这样的缘故。特别青森县的三内丸山遗址，在从大约五千五百年前到四千年前的长达一千五百年间一直有人居住。该遗址当时距离海岸线比较近，位于森林和海洋的连接点。在农耕以前的采集经济的阶段，能出现接近长期定居的生活形态，那在日本列岛以外的原始社会极为罕见，

① 译者注：关东、东北是日本的地区名称。关东地区包括东京都以及神奈川、千叶、埼玉、群马、枥木、茨城六县，东北地区包括青森、岩手、秋田、宫城、山形、福岛六县。

由此可见三内丸山周围地域的生活条件当时有多么优越。

当时日本虽然处于物质丰饶的自然环境之中，却没有追求财富的集中以及权力的扩大，因此也没有像同时代的西亚那样为了建造都市以及神殿而破坏自然森林，而是长期维持了与自然的和谐、共存的社会，这一点是绳文文化的特色，安田称之为“森林的文化”。在那之后，日本的社会组织经历了历史的变迁，但“森林的文化”作为日本文化的一个侧面一直被继承下来了。

三内丸山遗址

因为在三内丸山遗址出土的栗子的 DNA 的构造彼此类似，所以有人认为当时有可能栽培了栗子树。此外，在截至绳文时代中期的各地的遗址，还发现了荏、紫苏、豆子以及荞麦类的种子或者花粉，因而被称为绳文农耕。不过，当时人们的生活并不是依靠栽培这些作物来维持的，有人认为其规模甚小，只构成狩猎、采集经济的补充部分。进而到了绳文时代的后期，主要是在西部日本，出现了小米、稗子、豆子、荞麦以及芋类的栽培痕迹，这种农耕在引进了水稻种植之后，仍在山村等旱田耕种中被继承下来了。因此，虽说当时有了农业，但从整体上来说，狩猎以及采集依然是经济活动的基础。不过，近年来有考古学家认为：虽说是采集经济，但到了晚期，已经形成春天采集新芽以及贝类，夏天捕鱼，秋天采集果实，冬天打野猪、鹿等这种与四季循环相适应的经济生活的节奏。估计那是因为在日本列岛地区，四季的循环分明而且有规律的缘故。在下一个时代即弥生时代，当农耕文化从大陆传来的时候，那成了接受农耕文化的一种有利条件。很显然，要经营以水稻耕作为中心的农业，与四季的循环相对应的生产活动是必要的。

有了战争的时代

在绳文时代之后，大约是在公元前三世纪前后日本进入了弥生时代。从大陆传来的农业技术和青铜、铁这样的金属器具，构成了弥生文化的两大特色。从石器时代到青铜时代，再向铁器时代变迁，这是世界上许多民族走过的历程。而在日本，由于青铜器和铁器差不多是同时传来的，所以青铜时代实际上并不存在。因为铁器比青铜器要坚硬、锋利，所以铁当然用于武器以及农具等实用工具，而用青铜制作的剑、戈或者铜铎等只能用于宗教上的祭礼，可以说那只是象征意义上的工具。

第二次世界大战后，静冈县登吕等弥生时代遗址被发掘出来，前弥生时代的人类社会是和平农业社会这样的形象被许多人接受。考古学家佐原真认为：在弥生时代以前，日本只有狩猎用的简易箭头，进入弥生时代以后，才出现了能攻击人、有杀伤力的锋利的箭头，在遗址中也实际出土了有可能是被那种箭头射中或者被铁剑刺死的人骨。基于这些事实，弥生时代被认为是开始有了战争的时代。近几年，这种观点被广为接受。

正如在佐贺县吉野之里遗址所看到的那样，在那个时代，各地建起了许多沟壑环绕以及设有瞭望楼的采取了防卫措施的部落（环壑部落）。另外，还有很多建在不便于从事农业生产的高山上或山腹等地的部落（高地部落）。这些现象都只能从军事的必要性上来解释。绳文时代并非没有发生过人与人的争斗，但估计那只是为了对杀人事件进行报复的小规模而且是偶然的争斗。进入弥生时代之后，才开始发生正式的集团与集团之间的战争。那是为什么呢？

吉野之里遗址

其实，那是随着农业

生产的开始而发生的现象。总之，随着生产力的提高，社会出现了财富的积累，为了争夺积累起来的财富，就有了战争。那些积累起来的物资一开始大概是集团的共有财产，但逐渐成为统领该集团的特定个人及其家人的所有物。事实上，到了弥生时代的后半期，被称为“豪族居馆”的有势力的豪族的住宅与一般人的住宅之间已经有了区别。

从原始社会到古代国家

豪族居馆的遗址表明统治者和被统治者之间已经开始了等级分化。这一动向的进一步发展，就形成了作为政治统治组织的国家。实际上，在日本历史上，弥生时代之后从公元四世纪到七世纪的时期被称为古坟时代。各地建造了大规模的坟墓，那说明出现了政治上势力强大的统治者。那些小国家被吞并，形成了统一本州（东北地区除外）、四国、九州以及周边岛屿的国家。那便是日本的古代国家。

如上所述，国家的形成一方面是一部分统治者垄断权力和财富的过程，另一方面又是政治组织的形成给社会带来和平秩序的过程。对于以务农等为生的一般人来说，国家一方面具有压抑的因素，另一方面又具有保障在和平环境下的安定生活的意义。弥生时代是战争的时代，而进入古坟时代以后，环壑部落以及高地部落消失了。这一事实也表明在不断形成的国家组织之下，各个部落已经没有必要维持自卫的态势了。

权力一方面带来压抑，另一方面维持公共秩序。但是，具有这种两面性的不只是古代国家，可以说是国家一般都具有的共通特性。不过，古代国家作为在日本历史上最初出现的国家特别引人注目。从采集经济到农耕经济，继而形成国家，这是世界上各个民族共通的历史进程，而在日本，特别是在进入农耕文化的时代之后，这种进程呈现了快速发展的态势，构成了日本的明显特色。下图是由原德意志民主共和国科学院所编绘的，佐原在其中添加了日本的内容。最上面是采集经济的阶段，其次是有了农业的阶段，最下面是形成了国家的阶段。从这张图可以看出，日本的情况

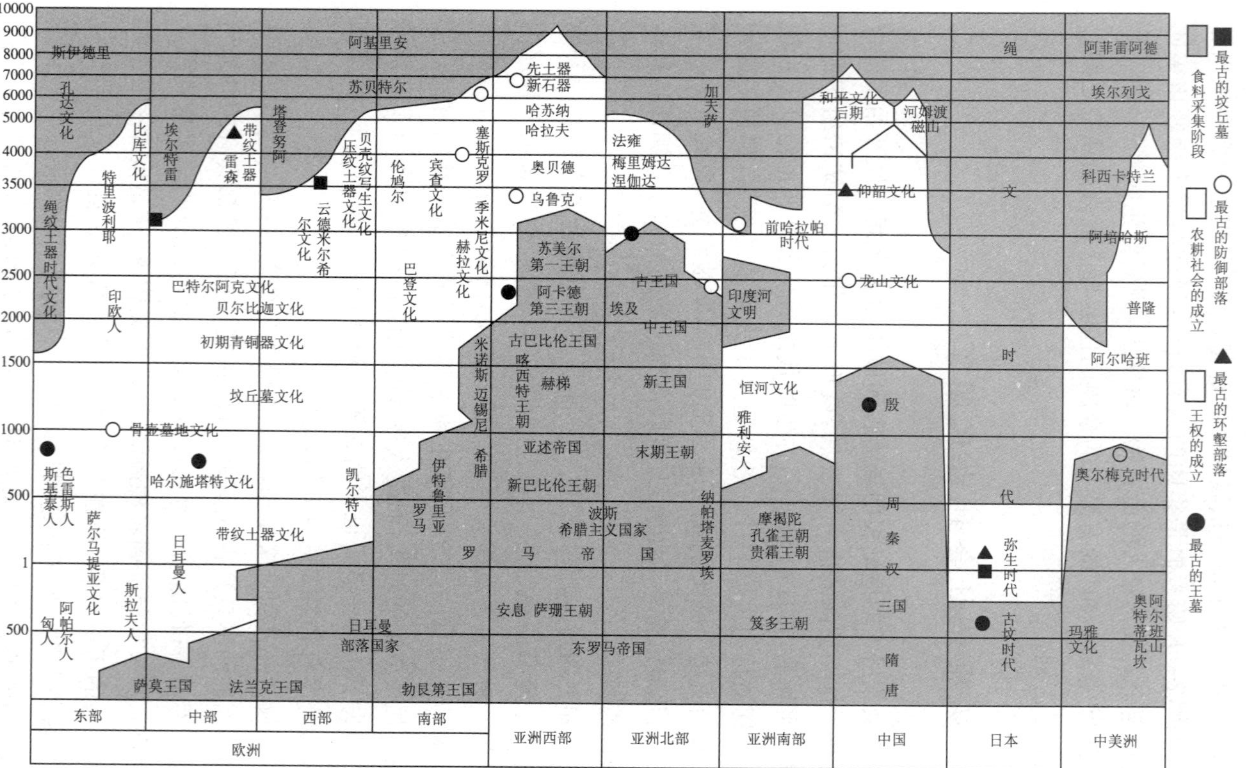

世界各地域文明发展状态(佐原真根据原东德科学院《世界史——封建主义形成》1977年的年表整理而成)

非常特殊。在世界其他地区，进入农耕文化时代却未形成国家的时期相当长，而在日本，农耕文化的出现比其他地区要迟得多，而在短短六百年的弥生时代之后，就进入了快速形成国家的时代，这一点值得关注。为什么会那样呢？这一点显示了国家对日本人的生活具有重要的意义。

日本史的时代划分

佐原指出了这样一个事实：拥有沟壑部落那样的防卫设施的村落在日本历史上只出现过两次，那就是弥生时代和公元十五～十六世纪的战国时代。这一观点非常重要，它提醒我们应该如何去把握整个日本历史的脉络。也就是说，与弥生时代是形成古代国家的出发点一样，战国时代是在古代国家瓦解后形成新国家的出发点。如果这样来看的话，日本的历史以战国时代为分界线，可以分为前期和后期。同时，那也是日本文化历史的区分点。

佐原将从弥生时代到形成古代国家的过程用“古代化”来指称，那大概意味着从原始时代到古代国家时代的变化。如果用与之相应的形式来表述的话，不妨认为从战国时代到江户时代初期是日本的“近代化”的过程。关于这一点，将在战国时代的部分进行考察。

日本人的起源

在这里，想谈一谈在前文中没有提到的日本人的起源问题。前文中曾经指出，日本文化的原型形成于绳文时代。如果将创造绳文文化的人称为绳文人的话，那么他们是如何来到日本列岛地区，在那之后又是如何经历变迁，与现在的日本人相连的呢？日本人的起源与日语的起源一样，是非常棘手的问题，明治时代以来出现了各种各样的学说。关于日本人的起源，现在好像还没有定论，但根据自然人类学（体质人类学）对发掘出来的人骨的研究，我们可以进行一定程度的推测。

其中最有说服力的是埴原和郎的学说。埴原推断绳文人是与现在居住在东南亚地区的人相近的南亚系统的蒙古人种。蒙古人种就是所谓的黄种人，也就是总称日本人以及中国人等的人类学上的名称，与之相对应，有欧美的白人和非洲的黑人。在蒙古人种当中，南亚人最为古老。后来迁移到北亚，适应了寒冷气候的人被称为北亚系蒙古人种，以区别于南亚人。据推测：大约在公元前三世纪之后的日本，创造了弥生文化的是这一北方系统的蒙古人种，他们带来了文化，即农业以及金属器，而这些将文化传播到日本的人有相当部分是经朝鲜半岛移居来的。这些移居者（渡来人）被称为弥生人，他们一开始居住在九州北部和山口县一带，后来扩散到了中国、四国、近畿地区[1]。

问题是拥有这种先进文化的弥生人和原来的绳文人之间的关系如何。可以预想到前者对后者的征服，即便不可否认实际上有那样的侧面，但事实上两者之间的混血得以进展，其结果是并没有出现人种、民族的对立关系。埴原认为即便在当今的日本，那样的混血过程依然在持续。的确，即便在现代，日本人的长相和体格也是各种各样的。人们推测绳文人面部接近四方形，双眼皮，眉毛浓黑。而弥生人则是长脸，单眼皮，眉毛纤细，身材高大。就耳垢而言，前者是油耳，后者是干耳。现代的日本人的身体特征一般都混合了上述两者的特征。

屡屡有人说日本人是单一民族，也有人对这种说法持批判态度。如果上述混血起到了消除人种对立的作用的话，且不谈其源流如何，可以说在现实中形成了单一民族。不过混血的程度因地区而异，按照埴原的说法，在与中央地区相距遥远的北海道以及冲绳等地，弥生人的影响比较少，因此阿依努人和冲绳人保留了许多绳文人的特征。

不妨认为：这种近乎单一性的民族构成对形成统一国家来说或许是一种有利条件，那也构成了后来的文化发展的特色。此外，

① 译者注：中国、四国、近畿是日本的地区名称。中国地区包括冈山、广岛、岛根、鸟取四县，四国包括德岛、香川、爱媛、高知四县，近畿地区包括京都、大阪两府以及滋贺、兵库、奈良、和歌山四县。

作为日本文化的历史，按理对上述阿依努以及冲绳（冲绳在明治维新以前，作为琉球国形成了另外的国家）也应该进行考察，但因为我担心那样会过于分散，所以本书主要对混血程度高的地区，即本州、四国、九州及其附近地区进行探讨。

第二章　古代国家的形成和日本神话

文献资料的极限

从弥生时代末期至公元四世纪以后，日本进入了形成统一国家的时期。但是，关于这一时期日本的状况，日本国内缺乏可信赖的文字资料即文献资料，要研究该时期主要得依据中国留下来的记录。但与日本相关的中国方面的记录内容简略，而且对该记录有各种各样的解释，因而很难知道事实真相。在中国当时的文献中，日本地区被称为“倭”或者“倭国”，但具体是指日本的哪个地区，却没有定论。中国的史书《汉书》的《地理志》记载倭人的社会“分为百余国”（公元一世纪左右）。另外，《三国志》的《魏书・东夷传》“倭人”部分记载：“倭国乱，相攻伐历年，乃共立一女子为王，名曰卑弥呼，事鬼道，能惑众。”这里的“鬼道”指宗教行为。这些记载值得我们关注。《三国志》所记载的大概是二世纪末至三世纪前半期日本的状况。

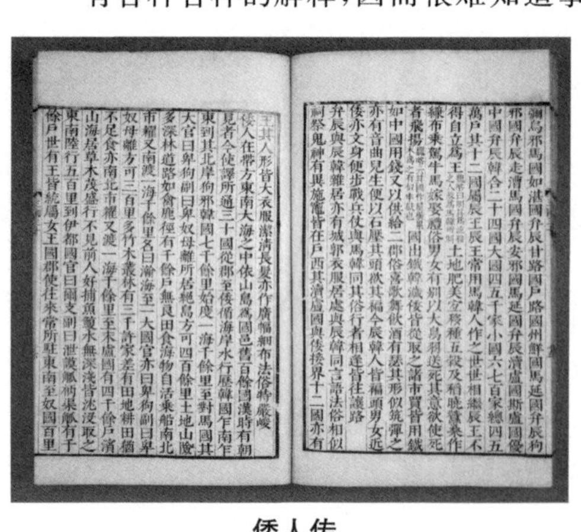

倭人传

日本也有记载国家成立由来的史书《古事记》和《日本书纪》。不过，那都是从七世纪末起编纂的书籍，与最古老时代相关的部分是一种神话，关于那之后的历史时代，特别是公元五世纪以前，在纪年法（年代的设定）等方面有着很多人为操作的因素，因而我们难以原原本本地将那些视为对历史事实的记载。这一点通过津田左右吉①对两书（被总称为“记纪”）的严密的文本批判而得到澄清。

古坟所讲述的故事

对于缺乏可信赖的文献资料的时代来说，古坟具有极其重要的资料价值。在这一点上，从公元四世纪到六七世纪的时代，不论是在考古学上还是在历史学上，一般都被称为古坟时代。在那些古坟中，最具日本文化的特色、备受人们关注的是前方后圆坟。

方形（角形）的前方部和圆形的后圆部相连接的这种坟墓似乎是日本独有的东西，在朝鲜半岛以及中国都不存在。前方后圆坟大约在公元前三世纪半前后出现，在公元四五世纪迎来最盛期，其中五世纪在现在的大阪府地区建造的应神陵古坟以及仁德陵古坟的规模最大（后者坟丘全长 468 米），如果仅就底面积而言，那可与埃及的金字塔媲美。在这个时代，规模较小但形状大致相同的前方后圆坟，分布于从南面的九州到北部的东北地区的各地。

应神陵古坟

考古学家水野正好对这种前方后圆坟的建造目的进行了比较有说服力的

① 译者注：津田左右吉（1873～1961 年），历史学家，早稻田大学教授。以文本批评、实证研究的方法对《古事记》以及《日本书纪》进行了研究。1939 年受到右翼势力的攻击，次年《神代史的新研究》等著作被禁止发行。

说明。水野认为这种形状的坟墓是举行继承王位或者部落首长地位的仪式的场所，首先在夜晚将死去的先王（首长）埋葬在后圆部坟顶的竖穴里，接着在坟丘上举行继承王位的仪式。随后，黎明时分往前方部移动，在排列于坟丘下的百官有司面前举行宣布新王（首长）即位的仪式。也就是说，在此可以看出后来继承皇位时所进行的践祚和即位这两种仪式的源流。的确，后圆部残留着有可能是用于宗教仪式的陶俑及其碎片。此外，之所以建造巨大的古坟，是因为王权继承的仪式具有重要的宗教、政治意义。如果这样考虑，问题就比较容易理解了。

而且，前方后圆坟这种形状奇特的坟墓尽管大小不同，但基本上在全国普遍分布，这一点也值得关注。正如水野所主张的那样，不得不认为：中央即大和政权，有类似于设计图一样的东西，那被分发给了各个地域的统治者（首长）。如果说因为那样的缘故，各地有势力的人的坟墓制度发生了变化，因而被统一为前方后圆坟的话，那么那就意味着不仅仅坟墓，而且整个政治制度也发生了变化。也就是说，在各地分立的地区的首长们不再致力于建设小国家，而是选择了服从统一国家的道路。这一点大概就是快速形成统一国家的直接原因吧。

另外，大部分前方后圆坟被葬者身份不明，这一点也值得关注。宫内厅将某座古坟指定为某天皇的陵墓，但那在学术界却不被认可。例如，仁德陵古坟是“被视为仁德天皇的古坟”的意思。进而，采取更加彻底立场的研究者按照明治维新以前的通称，称之为大山古坟。同样道理，应神陵被称为誉田御庙山古坟。但是，像这样埋葬天皇家族祖先的古坟被葬者不明的情况在国外实属罕见。如果从天皇的君主地位在历史上一直持续这一点来看，那实在令人不可思议。这一事实令我们产生一个重大疑问：祭祀死者的坟墓的习俗，也就是崇拜祖先的习俗在古代日本究竟是否存在呢？关于这个问题，将在后文中重新进行探讨。

日本的神话和古坟

关于有可能是在前方后圆坟上举行的王权继承仪式，水野进而指出:仪式从后圆部向前方部移动,与神话中的天孙降临的故事相关,也就是说,那也许是向人们再现降临的过程。这种解释引起了人们的关注。在中国,自古以来就有“天圆地方”的观念,也就是说:天呈圆形,地呈方形=四角形。如果与那种观念联系起来,就可以理解为从“天”即古坟的后圆部降临到地上即前方部。

前文中已经指出,“记纪”的开头部分记述的是神话。不过,按照正式的说法,那是“神代”的故事。“神代”不是神的世界,而是神的时代的意思。就这一点而言,神代的故事也是一种历史,构成“记纪”这两本历史书的开头部分。在战前以及战争期间,这一起始于神代的历史不是作为虚构的故事,而是作为对事实的记载出现在小学、中学的教科书里。那种非现实的历史教育在战后被废止是理所当然的事情。不过,神话本身未必是无价值的。总之,在体现古代人的想法这一点上,可以说那是一种重要的资料。

“记纪”神话的梗概是:伊邪那歧、伊邪那美男女两神结婚后诞生了国家,即形成了日本的国土。伊邪那美因为最后生了火神而死去,伊邪那歧便到黄泉国去追寻。在从那里往回逃的时候,在袚禊之后,生了天照大神、月读命、须佐之男命(素戋鸣尊)三神,天照大神被定为天上即高天原的统治者。后来,天照大神之孙琼琼杵命从天上降临到日向(今宫崎县)的高千穗的山峰(天孙降临),其子孙便成为日本的君主即天皇。

这样的故事,显然是基于通过将天皇地位的由来与众神世界结合起来并加以神化的意图整理而成的。不过,这不能说所有内容都是虚构的,或者即便是虚构的,也应该存在某种素材。在这种意义上来说,关于在前方后圆坟举行即位仪式的记忆,有可能反映在上述故事之中。

神的性质

在那以后,即位仪式,甚至现代的大尝祭[①],都带有相当浓厚的

---

① 译者注:指天皇在即位以后第一次用新谷供奉天照大神等天神地祇,自己也进行品尝的仪式,是一代只举行一次的重大祭典。

宗教性，天皇作为君主的独特性在这一点上也有所体现。也就是说，日本的天皇是以一种宗教权威为背景的君主（在现行宪法下，天皇不是君主，在这里探讨的是历史上的天皇）。问题在于其宗教性内容。关于这一点，和辻哲郎把在“记纪”神话中出现的众神与天皇放在一起进行了分类。

和辻认为：正如天皇在宣命（用和文写成的诏书）上称自己为“明神御宇天皇”那样，天皇是现世的“神”。不过，那不是作为信仰以及祭祀对象的神，而是以祭祀各种神为己任，并通过这种祭祀而带有神的性质的存在，也就是“祭祀的神”。另外，还有像山神以及海神那样的主要被祭祀的神，以及“既祭祀，又被祭祀”的第三种神，后一种神才是最尊贵的神，皇祖神即天照大神就是这种神。例如，在“记纪”神话中有以下记载：在弟弟须佐之男命（素戋鸣尊）降临到高天原施暴的时候，天照大神在“忌服屋”编织了“神衣”（《古事记》。“忌”与“斋”一样，在宗教上是清净的意思）。是为哪个神编织神衣这一点不得而知。但侍奉神的女性编织神衣被视为一种重要的神事，人们自然认为女神天照大神也从事同样的工作。也就是说，在这个时候，天照大神是作为“祭祀神”在行动。另一方面，天照大神在伊势神宫又是“被祭祀的神”。与之相比，只被祭祀的山神等被视为不太尊贵的神。

上述关于神的分类及排序表明“祭祀”比“被祭祀”具有更为重要的宗教意义。换言之，祭祀礼仪本身要比作为祭祀对象的众神更重要。这是因为，祭祀礼仪代表着集团（广而言之代表国家），它一方面确认集团的共同性（国家的公共性），另一方面也祈祷集团生活的安宁。

女神编织神衣这样的形象在古代是比较普遍的。例如，从玄界滩①的冲之岛上的祭祀遗址可以看出，织布机模型曾在宗像神社用来供奉女神。海上孤岛冲之岛上也残留下了祈祷航海安全的遗址，那被称为“海上正仓院”②。据说伊势神宫也有同样的织布机

① 译者注：玄界滩指九州北部的海域。

② 译者注：正仓院是奈良东大寺大佛殿西北面的吊楼式仓库，收藏了以圣武天皇（701～756年生卒，724～749年在位）的遗物为代表的显示东西文化交流的佛具等奈良时代的各种美术品。

模型。

国家的统一和家族制度

在古坟时代的前半期的四五世纪，通过前方后圆坟以及在那上面进行的继承王权的仪式等，也就是说，依靠宗教的权威而建立的统一国家在六七世纪时，其传统的宗教力量逐渐减弱，作为现实意义上的政治国家的性质进一步得到强化。从六世纪末到七世纪初，在推古天皇（554～628年生卒，592～628年在位）手下担任摄政的圣德太子（574～622年）成为政治的核心，而在七世纪中叶的大化改新期间（645年）又将各地豪族的私有土地和人民国有化，实行了所谓"公地公民制"。不过，有不少人对《日本书纪》中所记载的大化改新的事实提出质疑。即便如此，在七世纪末的天武朝（673～686年）时期，实施了公地公民制，这一点是不可否认的。土地和人民的国有化这样的大变革在短时期内取得成功，这在世界史上都是罕见的。日本的社会制度，特别是家庭制度是使之成为可能的原因之一。

圣德太子像

一说到家族制度，首先可以想到父系制和母系制，其实在那之外还有作为第三种家族制度的双系制（bi-lateral system）。认为在日本双系制家族居多的观点在近几年的家庭社会学以及社会史等研究领域成为主流。双系制的原语 lateral 指方向，译成"双方制"更为贴切。这种家族制度与父系制（patrilineal system）等不同，一般不能维系从父亲到男子（全部）的连续家系（line）。但日本有一个特色，那就是：以双方的家族为基础，并通过在后文中将要论述的那种社会、政治制度，形成了氏（uji）以及家的系谱。因此，双系制这样的表述比较合适。

中国的汉民族是父系制社会的一个典型。人在出生的同时，就确定属于哪一父系血缘团体，正如"姓乃生"所说的那样，谁都具有表示所属的姓，而且那一辈子都不会改变。同时还有“同姓不婚，异姓不养”这样的规范，同一父系的血缘者不论亲缘有多远，都不能通婚（外婚制），另外也不允许将非血缘者收为养子。但在日本的社会，自古以来就没有这样的限制，异母兄弟姐妹那样的近亲者结婚即便在皇室系统中也不少见。

双系制现在在东南亚地区的各民族中比较多见，从这一点来看，那似乎与绳文人有关。但是，包括天皇在内的上流阶级社会也同样是双系制，那么是否表明弥生人也与之相同，或者那是被绳文人同化的结果，这一点不得而知。总而言之，在父系制的中国，在许多血缘团体的集合这一意义上，天下的人民被称为“百姓”，建立了由特定的“一姓”（汉朝为刘姓，唐朝为李姓）来对他们进行统治的国家体制。而在双系制社会的日本，以血缘为纽带的结合难以形成，呈现家庭总是分化为小家庭的倾向。

作为日本的家庭是双系的一个依据，我们可以举出亲属称呼的例子。在日语中，从古代起对父方的亲戚和母方的亲戚就不加区分。例如：将父亲的兄弟和母亲的兄弟都称为 oji，同样将父母的姐妹都称为 oba；另外，对自己的兄弟姐妹的子女在称呼上也只有男女的区别，称为 oi（男性）和 mei（女性）。即便现在也是如此。但是，在汉语（汉字）中，父亲的兄弟被称为伯父、叔父，而母亲的兄弟则被称为舅舅，两者之间有明显的区别。学习了汉字的古代日本人只将其中一部分运用到了日语之中。如果形成了基于血缘的大家族的话，那么像日语中那么单纯的称呼大概会带来混乱。

另外一个依据是：吉田孝从禁止近亲相奸的方面，对在大祓禊[①]的祈祷文的罪名之中，与强暴“自己的母亲”及强暴“自己的女儿”的罪行相并列，有“强暴母和子之罪”以及“强暴子和母之罪”这一点表示出关注。这是因为想要禁止与妻子的母亲或者妻子的女儿（不是亲生的，而是妻子与前夫所生的女儿）发生性关系，而之所以要禁止，大概是因为母子之间的纽带比夫妻之间的纽带更加牢固的缘故。吉田据此推测：由妻子和未婚的子女以及丈夫构成的

① 译者注：大祓禊指祓除人们的罪孽以及污秽的神道仪式。现在依然是日本的皇宫以及神社的祭祀活动之一。

小家庭大概是古代日本社会的基本单位。这似乎与现代日本的家庭结构有共通之处。

在这样的小家庭中，一般来说，丈夫和妻子分别从自己的父母那里分到财产，维系独立的家庭。成为他们的生活依靠的，与其说是血缘，不如说是与居住地的人们的关系（地缘）。这种基于地缘的团体便是 yake（宅、家），其中大规模的便是 oyake（大宅），即地方上豪族的住宅。沟口雄三对这种 oyake 成为汉字的“公”的训读的理由，进行了以下解释：“大宅在功能上是该地区的共同体、构成成员归依的中心，在那样的意义上，也是权力的中枢。但是，在那里以进贡、租税等形式集中起来的财物有时也用于军事、祭祀以及土木工程等，因此在大致意义上，那是地区的共同财产。”由于这种古代地域共同体的形象被扩大到国家的规模，因此天皇的朝廷被称为“公”。这一点不仅被古代国家，而且被中世纪以后的国家所继承。沟口称这一现象为“公的构造”，并将之视为日本的特殊现象，其特殊性体现在共同体的构造被包括在国家这种权力组织之中这一点上。更具体地说，体现在对社会的奉献和对权力的奉献一体化了这一点上。作为新时代的事例，江户时代的村官在负责收缴地租的同时，还参与道路、桥梁的修建以及村民共同生活的管理。关于这一点，近代的福泽谕吉将那作为“地方的公共”的自治制度给予了评价，认为“官府的事情和大家的事情都是‘公共’”。包括福泽在内，都认为那体现了日本的独特性。

研究中国思想的沟口认为：“公”在中国是公平这种意义上的原则，因此又可以将之表述为“公”的思想；而在日本的 oyake 中，不具有作为那种理念或者思想的性质。沟口对这一现象表示关注，并主张前者优于后者。在民族和民族之间对文化以及思想的独特性进行认识是非常重要的，但谈论优劣却没有什么意义。如果从特定的价值基准来看的话，即便一方看上去显得出色，但如果变更基准的话，也有可能得出相反的结论。如果就上述“公”来说的话，在中国历史上“公”之所以成为道德理念，难道不是因为在一姓统治的国家容易出现皇帝及其家族以及辅佐他们的官吏专制、化公为私的弊端，因而需要对之加以制约的理念吗？与之相比，如果说国家的政治秩序同时具有作为共同体的性质，而日本的“oyake的构造”实现了在那里生息的人们在生活中没有意识到的公共性的话，那么必须承认那也是一种优势。

氏族的系谱和国家

以住宅为基础，或者统合多处住宅而成立的地区豪族被称为“氏（uji）”。这种氏不是血缘团体，因此在日本似乎原本就没有与表示血缘关系的中国的姓相当的称呼。在埼玉县稻荷山古坟出土的被推定为五世纪的铁剑铭文中，记载了从先祖ohiko到被埋葬在该坟墓中的owake之臣的系谱，却没有“氏”的名称。在那之后，“氏”的名称一般化了。例如：苏我氏大概是指领有飞鸟[①]西北的曾我川一带的豪族。另外，物部氏大概是指掌管物品即武器的军事氏族。那些都是职务名称。各种“氏”由天皇赐予“姓（kabane）”，如大连、臣、宿祢、首等，那些都是表示在朝廷的政治地位的称号，与中国的“姓”性质完全不同。天皇家没有“姓”，这也是日本的特色。那大概是因为，人们认为有“天皇”（表示统治者或者清净人意思的尊称）这样的职务名称就够了。另外，不少人认为天皇在一开始被称为大王，从推古朝前后起开始使用天皇的称号，但那只不过是将sumeramikoto的读音用汉字表示时的用词法的问题。

在上述稻荷山铁剑铭文中，将ohiko以下的系谱以“其儿名……”这样的形式来记载，乍看那像是从父亲到儿子的直系承继。不过，正如柳田国男[②]指出过的那样，在日语中，ko（子、儿）未必就意味着是亲生子女。在这里，如果从文末的“记吾奉事之根源”这一句来判断的话，这篇铭文的主要内容是记述侍奉大和朝廷的来龙去脉，因此应该认为那罗列的是继承侍奉朝廷的一族之长地位的人的名字，实际上无法知道那是不是子承父业。在这样的一系系谱之外，还有以“A娶B，生儿C”这种形式来明确显示血缘

① 译者注：飞鸟是地名，位于奈良县高市郡明日香村附近一带。

② 译者注：柳田国男（1875～1962年）是日本民俗学的创始人，主要著作有《远野物语》、《桃太郎的诞生》、《海上之路》等。

关系的系谱。在这里，显示了作为连接父方(A)和母方(B)的C的身世。义江明子对前者是一系系谱，后者是两属系谱表示关注，阐明两者中的一者，或者通过两者的组合形成了古代的氏的系谱，因此形成了作为以双系制家族为基础的、具有类似父系系谱的集团"氏"。

但是，在两属系谱中，某个人的身世不限于一个"氏"，因此作为团体的"氏"和"氏"的界限有可能变得模糊不清。在那样的意义上，一系系谱就成为必要。而一系的根据，不在于单纯只是族长，正如在上文中提及过的"奉事之根源"那样，在于侍奉朝廷，在于成为国家组织的一员。义江认为："氏是一开始就具有以大王的政治向心性及其与他氏的相互关系为特性的非自律性集团。"如果与之对比的话，中国的基于父系血缘的大家庭(宗族)未必要依靠国家才能存续，在这种意义上，那就是自律性集团。

大化改新以前的氏姓制度，是统合了这样的"氏"的首领即地区共同体代表者的国家制度。成为其中心的大王(天皇)家的系谱也显示了上述两属系谱的性质。正因为如此，应该也有大王母方的豪族势力变强大的情况。关于这一点，水野认为：尽管王权的中心在大和(今奈良县)，但应神陵以及仁德陵等巨大古坟都在河内(今大阪府)，那大概是因为皇后所出身的氏族提供了天皇陵营造地的缘故。水野的这一观点受到了人们的关注。要澄清近乎传说的时代的家系非常困难。上述说法之所以能够成立，是因为圣德太子及其父亲用明天皇(生年不详，587年卒，585～587年在位)以及推古天皇(554～628年生卒，592～628年在位)的陵墓都位于河内的矶长谷(今大阪府太子町)，而那里是他们母方苏我氏一族的所在地。

关于古代国家的成立经过，有一种说法认为一开始是畿内(即后来的大和、河内、和泉、摄津、山城五国)地区的豪族们建立了以大王为中心的联合政权，之后征服了周边地域。这便是畿内政权说。这一说法认为大王(天皇)的权力不像中国的皇帝那样是专制性的，在行使权力时受到有势力的豪族的牵制。另外，这种作为氏族联合的中央政府的性质即便在导入律令制以后，也以太政官的协商制的形式继承下来了。在这一点上，这一说法是有见地的。

不过，长山泰孝对该说法过于强调畿内和畿外的区别提出质疑，认为该观点对国家的认识是错误的。长山认为："国家是在社会内部存在强烈统一要求的时候，能超越实体统治而形成的事物"，"日本历史的特征是很早就在日本列岛的主要地区实现了政治上的统一，带来了对内的和平"。这种见解能够对在前文中提及过的稻荷山铁剑的铭文以及四世纪在全国形成的前方后圆坟这样的事实进行整体说明，我认为那是正确的。

律令制和氏族

到了六七世纪，事实上中央政府的要职都被出生于畿内的豪族所占据，他们排除了其中势力最为强大的苏我氏，实施了大化改新，进行了以建立中央集权国家为目标的制度建设。当时被视为楷模的便是引进来的唐的律令制度。日本在七世纪的天武、持统朝时制定了"净见原令"，后来又制定了"大宝律令"(701 年)。但是，尽管引进了律令制度，但氏姓制度并没有被废止，虽然"姓"的排序等有所变更，但作为"氏"即豪族联合的国家性质被保持下来了。

在制定律令制度的时候，制定者似乎已经在一定程度上意识到了唐和日本在社会以及国家的传统方面存在差异，因此在与家族制度相关的事项(例如继承)上设立了与唐令不同的规定。另外，虽然条文都是从唐令照搬过来的，但在实际运用方面则与唐完全不同。其中最典型的事例就是所谓"公地公民制"。人们一般认为那是模仿了唐令，但吉田孝通过与唐令进行严密的比较考察，阐明了虽然在唐令中也存在相当于公地的公田(田是耕地的意思，不限于水田)的词语，但其意思与八世纪时日本所使用的意思不同；另外，在包括唐的律令在内的法制资料中，看不到"公民"这个词。吉田指出：依据"班田收授法"分配给人民的口分田在唐是私田，而在日本则被视为公田。唐的公田与官田是同样的意思，是指属于官府的田地。可以说，像这样在唐和日本的不同的"公"、"私"的观念在各自的国家制度的状态上也有所反映。在一姓统治的国家，"公"的权力被皇帝以及政府(官府)所垄断，而那以外的一般人民即百姓都被视为“私”的存在。那里，不可能形成将所有人视为国家的人民的“公民”概念。

而在日本，“公民”这个词语最早出现在文武天皇即位时(697年)的宣命中，在那里，“人民”是晓谕对象。宣命中有“皇子等、王等、百官人等、天下公民”这样的内容，也就是说，将一般人民表述为“公民”。在那以前同样的宣命中，相当于“天下公民”的部分被表述为“诸百姓等”。汉语词“百姓”原本就包含多数的意思，之所以再加上“诸”以及“等”这些表示复数的词，在不同于中国的血缘集团的集合的日本社会，那大概是泛指一般人民的概念。“诸百姓等”和“公民”在实际的宣命中，似乎被训读为 omitakara。omitakara 被解释为“大御宝”，或者“大御田族”，原意不明。不过从“大御”这样的敬称可以明显看出那与天皇有关，不妨认为在将天皇的国家的人民以“公”这个词语来表述的时候，显示了“oyake”这种观念所具有的共同体性质。

这种国家的共同体性质，一方面以“氏”即豪族自身的地区共同体性质为基础，另一方面也由“氏”和“氏”、“氏”和国家之间的协作关系所支撑。在前面提到过的稻荷山铁剑的铭文中，有先祖以来“世世作为杖刀人之首”侍奉朝廷这样的记载，也有关于 owake 自己在大王(雄略天皇)手下“左治天下”的记载。长山泰孝指出：在五世纪前后，如果一个地方的豪族也有这种意识的话，那么在七世纪占据律令国家上层的即贵族化了的豪族之间，国家意识同样也被继承了，因此成立了作为贵族联合的新国家。但是，以八世纪初为顶点，这些有影响的豪族的势力迅速衰退。其原因大概在于：律令制度以中国的父系制社会为基础，那与立足于不同家族制度的日本的“氏”的传统不相适合。在中国作为高级官吏的贵族的地位是由荫位制度所保证的，也就是说，如果父亲是高官，那么儿子从一开始就被授予某种级别的位阶。在唐代，这种制度实际发挥了作用；而在日本，“氏”的继承并不限于从父亲到儿子，在一个家族中，有能力的人继承族长的地位，如果限于父子相传的话，要是儿子无能，反而有可能使一个家族没落。

“氏”本身的内部构造也发生了变化。“氏神”这一词语在史料上出现要到奈良时代末期以后，而且当时使用的是“私氏神”(772

年)或者“私神祭祀”(771年)这样的表述形式。这些都是作为官吏告假的理由被列举的。包括高级贵族在内的官吏们虽然住在平城京[①],但他们在地方上另有住宅,并一直保持着作为地区豪族的身份。在该地区进行的祭神活动是共同体的宗教活动,其中最重要的祭祀活动被纳入国家的祭祀之中。如果说那些是“公”的祭神活动的话,那么祭祀与之相区别的“私”神的场所即便在同一地方,但那已经不是共同体的守护神,而是游离于共同体之外的都市贵族和官吏们的族长的祖先神。因为是祖先神,所以其使命是守护子孙。人们常常认为自古以来就存在作为日本人的宗教的祖先崇拜。但义江对这种观点进行了批判,她指出:随着“氏”的性质的变化,这个阶段才开始形成祖先崇拜的信仰,并在那以后以从“氏”的祖先到家族的祖先的形式被继承。她的这种观点大概是比较恰当的。

《万叶集》和白凤、天平的文化

七世纪是形成古代国家的动荡时代。凭借自己的力量在壬申之乱[②]中获得最终胜利的大海人皇子(天武天皇)及其妃子(后来的持统天皇)被柿本人麻吕[③]咏为“王者,神西座者”。不过,那不是将天皇神化的表述,那样的表述在其他天皇身上不曾用过。此外,在人麻吕的和歌中,还有“为使山川齐侍奉”这样的诗句,那大概是对比山河的自然神更强有力、建立了人为组织国家的人物的力量的赞美。

以人麻吕所活动的七世纪末为分界线,收集在《万叶集》中的和歌可以分为前期和后期。前期的和歌以雄略天皇(生卒年不详,五世纪后半叶的天皇)等所创作的在宫廷游宴之际表演的舞蹈剧歌词

① 译者注:平城京指日本八世纪初在奈良盆地北端,即现在的奈良市的西郊仿照唐都长安建造的都城。

② 译者注:壬申之乱指672年在天智天皇之子大友皇子和天智天皇之弟大海人皇子之间发生的争夺皇位的战乱。在经历了一个多月的战斗之后,大友皇子自尽,大海人皇子于次年正月即位,称为天武天皇(673～686年在位)。

③ 译者注:柿本人麻吕(660年前后～720年前后),飞鸟时代的歌人,擅长长歌,风格庄重宏伟,被后世称为“歌圣”。

为主，另外还有许多在祭祀以及游宴的场合创作的助兴和歌。也就是说，那些是以共同生活为背景的作品。而在进入八世纪的奈良时代之后，歌人的个性逐渐彰显，表现个人心情的和歌增多了。人麻吕处于堪称万叶和歌分水岭的位置。高木市之助所指出的“在那里可以看出从等质的自然人向有个性的个人变迁的那种时代的民族状态”，大概就是指这种意思。那也许不仅适合人麻吕，而且还适合整部《万叶集》。问题不在于是把重心放在共同性或者个性哪一边才算正确，共同性和个性的关系保持和谐、均衡才是理想的状态，那种状态得以实现，大概便是作为文学作品的《万叶集》的魅力的根源之所在。在前面言及过的“氏”的共同体性质和以之为基础的统一国家的建设，以及国家成立后就开始了的共同体的解体这些社会事象的推移，是这些构成了《万叶集》的背景。

在美术史上，将七世纪后半叶称为白凤时代，将八世纪中叶前后称为天平时代，这两者与被收录在《万叶集》中的和歌创作年代基本上重叠。如果说气宇宏大、给人以明朗印象的兴福寺的佛头（那原本是竣工于685年的山田寺的本尊，后来被迁移到兴福寺）以及药师寺东塔代表白凤时代，而显示知性精神的兴福寺阿修罗像以及东大寺三月堂（法华堂）是天平时代的杰作的话，那么那个时期的变迁与《万叶集》的情形也有共同之处，不妨说那是与现代一脉相承的日本人精神生活的出发点。

阿修罗像

第三章　佛教的传入及其发展

佛教的传入

关于佛教传入日本的年代,《日本书纪》记载为钦明天皇十三年(552年),而另外的资料(《元兴寺迦蓝缘起》等)则记载为538年,即钦明天皇即位的前一年。围绕这两种说法,有各种各样的观点,不过在这里我们只关注六世纪中叶前后这个时期。上述年代都是指佛教正式传入日本,即百济的圣明王将佛像和经论等赠与大和朝廷的年代,而我们推测:作为理所当然的事实,此前渡来人等应该已经接受了佛教。

根据《日本书纪》的记载,天皇看到当时受赠的佛像,说没有见过如此端庄的容貌,问重臣是否应该对之进行礼拜。当时,苏我稻目[①]表示赞同,物部尾兴[②]等表示反对。这一记载童话色彩太浓,很难令人相信那是事实。公元前五世纪前后在印度创立的佛教在公元一世纪东汉时期传播到中国以后,遭到过被称为“废佛”的镇压,不过在五世纪的南北朝时代,北方的北魏王朝开凿建造了云冈(大同)和龙门(洛阳)石窟;在同一时期,南朝的贵族佛教也兴盛起来了。很难想象:从这个时候起主要与中国的南朝有外交往来的大和朝廷会完全没有佛教的知识。

---

① 译者注:苏我稻目(出生年不详,570年卒),宣化、钦明朝的大臣。

② 译者注:物部尾兴,生卒年不详,六世纪中叶的豪族。

应该关注的是六世纪中叶的日本社会的宗教状况。那个时候虽然还处于古坟时代，但作为以前方后圆坟为基础的原来的古坟时代已经进入了后期，从五世纪末叶起，从大陆传来的横穴式古坟正在普及。在作为王权继承仪式场所的前方后圆坟，被埋葬在后圆部分竖穴里的只有去世的王或部落首领。与之不同的是，在横穴式古坟中，一家人被埋在一起，或者被追葬。在“记纪”神话中，关于伊邪那歧为了追寻亡妻而奔赴的黄泉国的描述大概就反映了横穴式古坟的内部状况。但是，前方后圆坟原本不是那样意义上的单纯的坟墓，而是重新确认集团统一性的举行政治仪式的场所。像那样在政治上具有重要意义的仪式之所以能够成立，是因为支撑着它的宗教信仰或信念为人们所共有。然而，在六世纪中叶，因为大陆文化的影响，那样的传统信仰已经不断淡化了。

即便不能断言引进佛教一开始就是基于明确的政治意图，即将佛教作为原始信仰的替代物，但那之后前方后圆坟的构造走向衰落，以苏我氏所建造的飞鸟寺(正式名称为法兴寺，588 年动工)为代表，有势力的氏族以及政府兴建的寺庙十分昌盛。从这一点来看，至少作为结果，堪称支撑统一国家的政治宗教由古坟时代初期的原始信仰变为新佛教，这大概是事实。这就是所谓国家佛教，即以镇护国家为主要目的的佛教。新佛教在奈良时代迎来了顶点。

圣德太子和法隆寺

《日本书纪》(继体天皇六年条项)中记载：六世纪初，百济向日本派遣了五经博士以传播儒学。所谓“五经”是指《易》、《书》、《诗》、《春秋》、《礼记》五书，那是构成儒学核心的古典。在中国，因为儒学一直是作为官僚即知识分子的教养而受尊重的学问，所以起到了与佛教一道完善统一国家体制的作用。

推古天皇的摄政圣德太子的主要政治目标是：一方面依据上述佛教和儒教等大陆的先进文化，另一方面致力于强化国家的统一性。圣德太子的主要政绩是制定了“冠位十二阶”和“宪法十七条”。前者虽然没有废止以氏族为单位被赐予的“姓”，但引进了以个人为单位的表示政治序列的冠位，那是向官僚制的一个进步。

另外，"宪法"的主要目标是训导官吏提高觉悟。第一条是以"以和为贵，无忤为宗"开头的条文，其内容是提倡协作的精神。因为以和为贵的思想见于《礼记》以及《论语》之中，其根据在儒学，所以后来有人解释说在将之作为最初的条项这一点上，体现了日本人的社会观的特点。接下来的第三条是"承诏必谨"，第四条是"群卿百僚，以礼为本，其治民之本，要在乎礼"。那都是以儒教训导官吏。这种条项很多，不过也有像第二条"笃敬三宝，三宝者，佛、法、僧也"那种主张尊重佛教的条项，第一条的"和"与在佛教的立场上将僧侣集团称为"和合众"或许有关联。

圣德太子对佛教的信仰十分虔诚，他除了建造法隆寺以外，还撰写了《三经义疏》。那是对《法华经》、《胜鬘经》、《维摩经》这三部经典的注疏。不过，因为那是用汉文撰写的，所以早就有人怀疑那是否真正出自圣德太子之手。另外，因为最近在中国西部的敦煌发现了《胜鬘经》的注疏，《三经义疏》与上述注疏虽然有所不同，但颇为相似，因此有人认为《三经义疏》是圣德太子在中国北朝的注疏的基础上加工而成的。但是，《三经义疏》乃圣德太子本人所撰的说法依然有较大的影响力。虽然《三经义疏》的出典仍无法确定，不过圣德太子选择了上述三部经典这一点值得我们关注。《法华经》是大乘佛教的重要经典，后来被天台宗以及日莲宗所推崇，后两部经典主要是针对胜鬘夫人和维摩居士这种不是僧侣的（不出家的）在家人即社会上的人传授佛教的经典。也就是说，三部都是显示大乘佛教特色的经典。如果说大乘佛教与只寻求自我救赎的小乘佛（上座部佛教）相比，其特点是具有广泛救赎众生的慈悲精神，因此是一般的社会上的人也能接受的佛教思想的话，那么可以看出圣德太子的上述选择显然倾向于大乘佛教。

即便对《三经义疏》尚有疑问，但作为无可怀疑的圣德太子的语录而流传的《天寿国绣帐铭》（中宫寺藏）中，有"世间虚假，唯佛是真"两句。这两句也许被理解为表现了圣德太子晚年对人生的达观，其实并不是那样。佛教的根本思想集中体现在"诸形无常，一切皆苦，诸法无我，涅槃寂静"这四句，即所谓四法印之中（宇井伯寿的"佛教一贯说"）。因为执著于无常的现世的各种事物，所以会产生苦恼；如果正确地认识到包括自己在内的一切事物中没有实体(“无我”),就能进入彻悟的安详境地。如果说这是四法印的意义的话,那么圣德太子的语录只不过是以不同的话语表述了同样的旨趣,这两句简洁的话表明圣德太子正确理解了佛教的精神。

另外,圣德太子在斑鸠[①]建造的法隆寺被视为世界上最古老的木造建筑。现在的法隆寺不是圣德太子在世时的建筑。根据《日本书纪》的记载,法隆寺在天智天皇九年(670年)被全部烧毁,实际上在1939年发掘了被视为法隆寺若草伽蓝的遗迹,因此可以确定法隆寺是在那之后重建的。重建的时期不能确定,人们推测是在七世纪末到八世纪初,即便如此,那依然是世界上最古老的木造建筑。

法隆寺

另外,圣德太子之子山背大兄王曾遭到苏我氏的攻击,圣德太子的子孙没有能够繁衍下来。因此,有一种说法认为重建的法隆寺是为圣德太子安魂而建造的。其主要根据是,中门即正门的中央立了一根柱子,通道被一分为二,那根柱子被认为是用来封锁冤魂的。但是,对于这一说法,直木孝次郎提出了质疑。直木认为之所以在中门的中央立了一根柱子,一方面是因为中门较宽,另一方面还因为在中门的正面,现在有讲堂,而在重建之时没有任何建筑物,因此不必担心将景观一分为二。另外,且不谈圣德太子的子孙,圣德太子本身没有理由成为冤魂。而且在七世纪前后还不存在冤魂作祟的观念。我认为直木的观点比较有说服力。

① 译者注:斑鸠是地名,位于今奈良县北部。

律令国家对僧侣的统一管理

从七世纪末的天武、持统天朝起，模仿唐的国家律令制度的法律体系建立了。后来，在八世纪初叶通过“大宝律令”，接着又通过“养老律令”得到了完善。该律令中包含有“僧尼令”，对僧（男）和尼（女）进行了各种严格的规定。该规定一方面禁止不经政府许可擅自出家成为僧尼，并控制批准的人数，另一方面也禁止僧尼在寺院以外的场所开展宗教活动。由于国家进行了这样的统一管理，所以任命了从僧侣中选拔出来的僧纲，即被称为僧正、僧都、律师的僧官，由属于治部省的玄蕃寮进行管辖。玄蕃寮是负责对外关系的机构，可知当时佛教被视为外来宗教。

东大寺

但是，因为这种统一管理的制度模仿的是唐代中国的制度，所以未必具有实效，因此很早就出现了很多没有得到官方承认的僧尼即自己出家的僧尼，因为当僧尼可以免缴国家的赋税。另外，政府也未必有强行统治的意图。这一点可以从圣武天皇（701～756年生卒，724～749年在位）时建造东大寺大佛的工程中看出来。

建造大佛的行基的活动

天平十五年（743年），圣武天皇发布了建造大佛的诏书，诏书说：“有天下财富者朕也，有天下权势者朕也，以此财富权势造此佛像，事成易，心至则难。”诏书一方面邀请“有知识者”协助，另一方面又说“持一草、一土而愿助造像者，有司应许之”。“知识”在佛教用语中指友人、伙伴。诏书在这里主要是寻求有财力的人的支持，但同时也希望得到不具有财力的一般民众的自发支持。

天皇试图在豪族和人民之间形成“知识”这样的平等关系，看上去是一种幻想。但是，如果简单地将之视为幻想的话，那么探寻策划这一大事业的天皇的意图的思路就被堵死了。这座大佛是卢舍那佛(或者称毗卢遮那佛，梵语 Vairocana 是光明照遍的意思)，即基于《华严经》的法身佛。法身是体现法(真理)本身的姿态，因为它遍布世界，所以将其形态表现为大佛。从这一大佛分出无数的释迦佛，各自作为完美的佛来引导众生。现存的奈良大佛的躯体多次遭遇过战火，但台座的莲花瓣仍保持了建成时的原状，在那上面刻有许多释迦以及菩萨的像。构成《华严经》教理特色的“一即一切，一切即一”的思想以及重重无尽的缘分的思想大概是通过那些佛像来体现。一个人的心中包含世界上的一切事物，反过来说，作为个人的自己立足于与一切事物的关系，而并不是具有作为个人以及自己的实体。那就是“一即一切，一切即一”。另外，重重无尽的缘分好似因陀罗(帝释天)像上的网罩的纽结上的晶莹水珠，各个水珠相互映照，这种关系是无止境的，因此所有事物都构成相互依存的关系。当然，将深远的《华严经》的教义这样来单纯化未必合适，圣武天皇对《华严经》有多深的理解也不得而知，不过圣武天皇被《华严经》的教义所吸引却是事实，如果大胆地推测其理由的话，或许是因为天皇在上述“一即一切”以及重重无尽的理论中感受到了自己和他者，或者个人和社会的关系的理想状态。换言之，那是在具有共同体性质的社会中的个人的生存方式。教义本身是彻悟的精神境地的表现，虽然那不是社会观，但因为是大乘佛教的教义，所以并非与作为社会人的生存方式无关。而且，圣武天皇的时代正值古代国家的共同体性质解体的阶段，天皇为此试图借助佛的力量而使其再生。

天平二十一年(749 年)，陆奥国[1]出产了黄金，能给大佛涂上金色了。得知这一消息的天皇在对大佛的宣命中表现出了喜悦之情。天皇在宣命的最初部分说，“仕奉者三宝之奴天皇等于卢舍那佛像御前奏请”，也就是说天皇将自己称为“三宝之奴”。

---

① 译者注：陆奥国是旧国名，相当于现在的福岛、宫城、岩手、青森四县以及秋田县的一部分。

正如在前一章中就日本神话论述过的那样，天皇肩负着“祭祀神”的任务，也就是说代表集团来祭祀守护神（在这里，是卢舍那佛）的任务，从那样的意义上来说，天皇是宗教性的存在。只要回想起这一点，那么我们就不难理解，天皇将自己称为“三宝之奴”并不是那么不自然的事情。

另外，与建造这座大佛相关，行基（668～749 年）的活动也令人瞩目。行基在民间开展传教活动，另外与他的弟子即擅自出家的僧人一起在各地修路造桥，并开展设立布施屋等社会事业，因此理所当然是应该被“僧尼令”管制的对象。实际上，养老元年（717 年）的诏书称他为“小僧行基”，对他进行了谴责。但是，在天平十年（738 年），政府将行基称为“大德”，对他表示了敬意，进而在天平十七年将他任命为大僧正，让他协助建造大佛。那一方面是因为行基手下聚集了土木工程的工匠，另一方面表明行基作为民众指导者，他的活动得到了肯定。

鉴真传来戒律

唐代扬州大明寺的鉴真在戒律方面颇有造诣，应日本朝廷的邀请，决定东渡日本。他五次遭遇海难，耗费十二年的岁月，在第六次终于抵达萨摩[①]的坊津附近。他在第二年即天平胜宝六年（754 年）入京。要想正式成为僧人，必须举行“授戒”的仪式，由师父授予僧人应该遵守的戒律，而师父必须是传承正统戒脉的人。虽然日本已经具有戒律方面的知识，但没有能传授戒律的师父。鉴真之所以不辞劳苦决心东渡日本，就是因为这样的缘故。

鉴真像

在东大寺设立了戒坛的鉴真在现在的唐招提寺度过了晚年，他在那里专心致志地从事与戒律相关的教

① 译者注：萨摩是旧国名，相当于现在的鹿儿岛县的西部。

育与研究活动。除了东大寺以外，下野（今枥木县）的药师寺和九州的太宰府的观世音寺也设置了戒坛。

奈良佛教的终结

在圣武天皇之后，公主孝谦天皇（718～770 年生卒，749～758 年在位）即位，她之后的淳仁天皇（733～765 年生卒，758～764 年在位）因为受到藤原仲麻吕之乱[①]的牵连而被废黜，孝谦上皇再次即天皇之位，成为称德天皇（764～770 年在位）。笃信佛教的称德天皇宠信僧人道镜（生年不详，772 年卒），不仅任命他为太政大臣禅师这样的高官，而且还试图把天皇之位让给他。这一企图因为九州的宇佐八幡宫的神谕而被阻止。此外，称德天皇即位时举行的大尝祭（765 年）仪式一破先例，让僧侣参加。佛教是外来宗教，僧侣参加由朝廷举行的传统神道活动当时在贵族中间似乎遭到了强烈的反对。天皇在该大尝祭之际发布的宣命中说，“人们想将众神与佛分离，使之成为不可及之物，其实没有那种必要”，破例地进行了解释。此外，因为僧侣的堕落等等原因，以称德天皇死去的宝龟元年（770 年）为界，政治和佛教的关系发生了极大的变化。

① 译者注：藤原仲麻吕（706～764 年），奈良时代的公卿，深得圣武天皇的皇后光明皇后（701～760 年）的信任。他排除橘奈良麻吕（出生年不详，757 年卒）等对抗势力，于天平宝字二年（758 年）拥立淳仁天皇，被赐予惠美押胜之名。天平宝字四年任大师。因与孝谦上皇对立而发起叛乱，于天平宝字八年被镇压。

第四章　从汉风文化到国风文化

皇统的变化和政治改革

称德天皇死后，称德天皇的妹妹井上公主的丈夫白壁王登上了皇位，成为光仁天皇(709～781年生卒，770～781年在位)。光仁天皇夫妇之子即他户亲王(761～775年)被立为皇太子。然而，不久皇后和皇太子被怀疑诅咒了天皇，遭幽禁而死。其结果，光仁天皇与渡来人之后裔高野新笠(生年不详，789年卒)所生的山部亲王成为皇太子，那便是后来的桓武天皇(737～806年生卒，781～806年在位)。

奈良时代的天皇是天武天皇的子孙或妃子(天明天皇)，到了这个时候，天武系统中断，之后的天皇之位由相当于天智天皇(626～671年生卒，668～671年在位)之孙(施基皇子之子)的光仁天皇的系统所继承。这就是从天武系统到天智系统的家系变化。光仁天皇和桓武天皇治下之所以采取了新的政治方针，当然首先是因为有必要纠正奈良时代末期对佛教的过度信仰，不过涉及这一家系变化的意识估计也起了很大的作用。

在后来的江户时代，由水户藩从十七世纪中叶前后开始编纂的《大日本史》十分重视这一家系的变化，并试图将之视为基于中国历史思想的一种革命。中国历史上的革命被称为“易姓革命”，因为接受天命的皇帝的家系(姓)被别的家系替代了。而在日本，天武系统和天智系统都是从天皇家(皇室)分出来的家系，而且天皇家原本就没有姓，所以不能说是易姓。不过，如果从天命变革、王位被别的家系取代这个角度来看的话，也并非不能说在这个时候发生了中国式的革命。那么，天武系统为什么会断子绝嗣呢？德川光圀认为通过壬申之乱而登上皇位的天武天皇对近江朝廷犯下了叛逆之罪。毫无理由地向正统朝廷发动叛乱，那在道德上被认为是站不住脚的。不过，在这时候，因为近江朝廷是正统朝廷，所以天皇的存在是必要条件，但在前一年天智天皇死去之后，关于皇太子大友皇子(648～672年)是否即位了这一点，唯一的史料《日本书纪》中没有明确记载。因此，德川家圀等依据后来的史料来推定大友皇子的即位，在《大日本史》中列出了"天皇大友纪"项。明治维新后，这一主张得到了正式承认，在现在的皇室系统图中，大友皇子被记载为弘文天皇。基于革命思想推定出来的大友皇子的即位得到了认为日本不可能有革命的明治政府的正式承认，这是一个讽刺。

总而言之，在父系制的中国社会，人们害怕断子绝孙，正如《易经》中所说的那样，"积善之家，必有余庆；积不善之家，必有余殃"，人们相信祖先的道德的善恶会给子孙带来幸福或不幸这样的"报应"，易姓革命被正当化便是基于这种观念。光仁天皇和桓武天皇相当明确地意识到那是革命，这一点从光仁天皇让位于桓武天皇的那一年(781年)的年号被改为"天应"这一点可以看出来。这一年是中国的"谶纬说"[①]所说的辛酉革命之年。进而同样是在甲子革命年的延历三年(784年)，首都被迁往长冈也不是偶然的。(《日本书纪》中，也基于同样的说法将神武天皇的即位设定在辛酉年〈660年〉的正月初一，虽然那是虚构的，但如果换算成公历的话，相当于2月11日。现在，那一天被定为"建国纪念日"。)总之，随着从天武系统到天智系统的变化，从桓武朝起，中国风格的文化即汉风文化得到了显著的发展。

① 译者注：谶纬说指预言未来的凶吉的做法。

从长冈京到平安京

光仁天皇将道镜流放到下野国(今栃木县),并致力于肃清政界。后来,桓武天皇为了离开囿于因袭的平城京,将首都迁移到了长冈。长冈位于现在的京都的西南,是离淀川不远的交通要冲。平城京的河运不便,因此一度将首都迁移到了难波(大阪)。而在长冈,则没有那样的问题。但是,长冈京在十几年后就被放弃了,朝廷在现在的京都建造了平安京。

长冈京之所以被放弃,理由之一便是在开工的第二年发生了工程负责人藤原种继(737～785 年)被暗杀的事件,而且皇太弟早良亲王(? ～785 年)被怀疑参与了该阴谋,因而被剥夺了皇太子的地位,被流放到淡路(今兵库县)。亲王说自己是无辜的,并因绝食死于船中。之后,皇后以及天皇的母亲新笠等相继去世,再加上当时社会上流行瘟疫,许多人相信那是因为早良亲王的冤魂在作祟。冤魂的观念大概是从这个时候起在历史上出现,那是平安时代宗教观念的特点之一。

伊势神宫和石清水八幡宫

关于伊势神宫的成立和由来,有各种各样的说法,确切情形不得而知。但伊势神宫像现在这样作为祭祀皇室的祖先即天照大神的神社,被视为崇敬的对象似乎是从七世纪末的天武朝开始的。那与在天武朝形成了"记纪"神话的体系恐怕不无关系。到了平安时代初期,皇祖神信仰,即对在家系上作为天皇家祖先的神的信仰,与中国的宗庙观念联系起来了。

在中国,宗庙是用来祭祀皇帝父祖的设施,在明清时代的皇城(现在的北京故宫)正门的东侧(现在的劳动人民文化宫中用来举办展览的地方)便是其遗址。三栋雄伟的建筑和开阔的前庭保存完好。在那里祭祖的只限于皇帝及其一族。且不说现在,在辛亥革命以前是禁止一般人进入的。在日本也流行着一种说法,那就是:因为伊势神宫是皇室的宗庙,所以原本禁止一般人献上供品(奉币)。但是,这一说法所依据的是延历二十三年(804 年)由伊势的内宫提呈的《皇太神宫仪式帐》中的记载。这与其说原本就是伊势神宫的制度,不如说是效仿桓武朝,引进了宗庙这种中国式观念的结果。实际上,在那之后,参拜伊势神宫在贵族以及武士,甚至平民当中都成为一种风气。

伊势神宫

奈良时代建造的宇佐八幡宫的来历也不明确。不过,那被称为八幡大菩萨,是因为与佛教的神相关,这是宇佐八幡宫与伊势神宫的不同之处。贞观五年(863 年),僧人行教在男山上创建了作为八幡宫分社的石清水八幡宫。在那以前,因为八幡宫的祭神又被认为是天皇的祖先即应神天皇①,所以在朝廷,那被称为"二所宗庙"。但从行教刚刚设立的时候起,就有很多期待灵验的一般民众前来参拜,那种状况后来也没有改变。八幡宫所在的男山与山崎的天王山隔淀川相望,是从南面进入京都的要冲之地。在京都的鬼门即东北方建有延历寺,而石清水八幡宫起到了所谓后鬼门的守护神的作用。

祭天的仪式和渡来人

将"天"作为宗教权威来尊崇是中国的传统观念,历代王朝的皇帝为了祈祷每年五谷丰登,一直都举行祭天的仪式。位于现在的北京故宫南面的壮丽的天坛作为祭天的设施举世闻名。在日本,虽然没有对"天"的上述信仰,但桓武天皇在延历四年(785 年)在河内交野的柏原举行过这种祭天仪式。传说天皇不是自己去祭祀,而是让重臣藤原继绳代理,就这一点而言,祭祀采取的是简略的方式。交野位于长冈京的南方("南郊"),而且从选择冬至那一

① 译者注:应神天皇是"记纪"中所记载的五世纪前后的第十五代天皇。

天来看，可以确定这是在模仿中国。不过，关于在交野举行的祭祀，只有两年后的延历六年和文德天皇（827～858年生卒，850～858年在位）之时（856年）的记录，并没有作为宗教仪式固定下来。

交野附近，居住了很多被称为百济王民（王是一种姓〈kabane〉）的“渡来人”，这一点也值得关注。在模仿郊祭这种外国仪式的时候，当然有必要得到从大陆来的渡来人的支持。即便在前文中提到过的弥生人渡来之后，特别是从四世纪到八世纪，随着大陆的政治形势的变动，有相当多的人东渡来日本，那些人被称为“归化人”。但是，那些人也逐渐融入到了日本社会之中。

但是，当时对大陆文化的模仿是有限的。光仁天皇在将皇位让给桓武天皇的那一年（781年）末去世，桓武天皇一开始将服丧期定为六个月，后来又定为一年，但他的做法遭到了贵族们的反对。原本在中国的儒家思想中，规定父丧为三年（前后大约三年，实际上是两年多），与那相比，一年算是短的了，但即便如此，还是有人批判说如果整年服丧，朝廷的神事（吉礼）将难以实施，伊势神宫等的鬼神会频频作祟，所以天皇在大约八个月的时候不得不停止服丧。正如在称德天皇的时候，佛僧参加大尝祭让人们感觉不协调一样，儒教的礼法也与朝廷以及神社的仪式产生了矛盾。在这里，虽然受到了大陆文化的强烈影响，但堪称日本独有的宗教传统从那个时候起为人们所意识到，这便是后来的神道的开端。

另外，在平安京地区，除了自古以来居住的贺茂氏（其氏神被祭祀在上贺茂和下贺茂两座神社里），渡来人秦氏的势力也得以扩大。位于京都西面太秦的广隆寺便是秦氏的氏寺。主佛弥勒菩萨作为半伽思维像的杰作广为人知。位于京都南面伏见的稻荷神社是全国各地的稻荷神社的总社，那也是由秦氏创建的神社。稻荷作为祈祷丰收和幸福的神拥有众多的信徒，那大概与渡来人秦氏财力雄厚有关。

汉风文化和贵族文化

因为桓武天皇与渡来人关系密切，并热衷于引进中国文化，再加上在律令制度下，以儒学为中心的中国文化的教养对于高级官僚贵族来说是不可缺少的，所以在平安时代初期的九世纪前叶，以朝廷为中心，汉诗文的创作非常盛行，编纂了被题为《凌云集》、《文华秀丽集》、《经国集》的三种敕撰集，以及僧人空海的《性灵集》等许多诗文集。

朝廷的仪式及学艺方面深受中国文化的影响的确是这个时代的特色，但为什么在宗教仪式方面也尝试模仿外来文化呢？不妨认为那是因为天皇家的家系意识发生了变化。桓武天皇将自己的祖先视为从天智到施基皇子，再到光仁这样的父子直系继承，这是天智系统的特色。在国忌即国家的君主天皇的祖先的忌辰，停止政务修佛事的制度便体现了这一点。那种制度在七世纪末就有了，但在光仁、桓武以后，则以上述直系的祖先为主。虽然光仁、桓武、平城三代将圣武天皇也算入其中，但从嵯峨天皇(786～842 年生卒，809～823 年在位)起，则完全成了天智系统，以后这种形式被历代所继承。这一点与在前面提到过的氏的系谱中的一系系谱相似，如果一系系谱是显示继承族长的地位(在这种情况下，是天皇的地位)的系谱的话，那么在无视天武天皇之后的奈良时代的天皇这一点上，与之有所不同。不如说这与中国式的父系家族的系谱相近。实际上，大概也有那样的意图在起作用。这意味着天皇和国家的关系发生了变化。以往，圣武天皇为了重新建立具有共同体性质的国家而建造了大佛，在那种情况下，天皇和国家是一体的。但是，平安时代初期的天皇将国家政治的重点放在强化中国式的律令制度方面，天皇本身虽然不是中国式的一姓统治者，但逐渐将与之相似的血缘家族的性质明确化了。这一点与在前文中提及过的义江明子所指出的，即在八世纪后半期，氏的族长一族游离于原来立足的地区社会的状态有些类似。而且，在那个阶段，与产生了对作为氏的一族的守护神氏神的崇拜一样，平安初期的天皇也需要相当于那种氏神的事物。而尝试郊祭即祭天的仪式，大概就是因为这样的缘故。我们不妨认为：那种仪式并没有成为惯例，倒是对祖先神即伊势神宫的崇拜在这个时期开始受到重视。

虽说天皇家具有重视父系的意识，但其家族制度并没有变为父系。的确，从那以后，一直到江户时代初期，再也没有出现女性天皇，而是出现了像九岁即位(858 年)的清和天皇(850～880 年生卒,858～876 年在位)那样的幼帝。不如说,由于成立了纯粹的血缘家族,天皇家的系谱明了地显示出了古来的传统即双系制的性质。也就是说,过渡到了天皇的外祖父(主要是藤原氏)掌握政治实权的所谓摄关政治。

摄关政治和女性文学

由于首都从平城迁移到平安,古代有势力的氏与他们的出生地大和的社会基础脱离开来了,他们在朝廷的地位也降低到中下水准,获取了高级地位的是后来被称为"源平藤橘"的四氏。藤原氏是天智天皇时赐予中臣镰足(614～669 年)的氏,橘氏是奈良时代初期元明天皇(661～721 年生卒,707～715 年在位)赐予藤原不比等(659～720 年)的后妻、光明皇后生母的县犬养三千代(生年不详,773 年卒,奈良时代的女官)的氏。另外,源氏和平氏是桓武天皇以后的皇子降为臣籍时的氏,都是新的"氏"。不过,新的"氏"与七世纪以前的氏不同,他们是纯粹的都市贵族,与具有同样性质的天皇家一起形成了平安京的贵族社会。

其中藤原氏之所以能通过与天皇家的姻戚关系占据有利的地位,大概是因为在奈良时代,在前面提及过的藤原不比等通过让前妻之女宫子成为文武天皇(683～707 年生卒,697～707 年在位)之妃,使他们生的光明子(安宿媛)成了圣武天皇的皇后的缘故。不久,幼帝清和天皇即位,天皇的外祖父藤原良房(光明子的父亲)作为太政大臣就成为天皇的监护人,进而作为摄关被委以政治的全权。之后,良房的侄子藤原基经(836～891 年)同样辅佐阳成(868～949 年生卒,876～884 年在位)、光孝(830～887 年生卒,884～887 年在位)、宇多(867～931 年生卒,887～897 年在位)三代天皇,被称为关白。在那以后,外戚在天皇幼小的时候作为摄政,在天皇成人后作为关白来掌握朝政的体制虽然有所中断和变化,但一直持续到十一世纪中叶,人们称那种政治体制为摄关政治。

以皇子以及皇女为代表的当时的贵族子弟都在母亲的娘家出生,与母方的家人一起成长。那使得他们与母方家人之间的关系密切，在皇子作为天皇即位以后，特别是外祖父被期待成为天皇的监护人。人们多以这种方式来说明摄关政治的成立。那么，为什么皇子们会在母方被抚养成人呢？高群逸枝认为那是原始时代母系制的残余，并在将男子作为女婿招入母系家族之中这一意义上将其称为招婿婚。天皇虽然不是被招上门的女婿或者走婚者，但事实上一般贵族并不与妻子同居，而是保持走婚的习俗。对于这种说法，鹫见等曜提出了异议。鹫见根据史料，对在母系制下被禁止的同一母系内的近亲结婚屡屡可见、母亲的大家族其实并不存在这些问题进行了论证，指出将那理解为既非母系也非父系的双系制大概比较妥当。在双系制的社会，女子也能继承财产，她们所继承的财产成为她们的所有物。因为平安时代的贵族一般都拥有许多房屋，所以继承了其中一部分的女性在那里迎来夫婿，养育子女。因为允许一夫多妻，所以即便妻子希望与丈夫同居，也很难实现。《蜻蛉日记》的作者一边焦急地等待藤原兼家的到来，一边养育儿子道纲便是具体的事例。此外，将母方的亲戚称为外戚，将母亲的父亲称为外祖父，那些是基于中国父系制的称呼。在父系制的情况下，因为妻子以及母亲一方的亲戚不被视为正式的亲属，所以加上了“外”字。而在双系制的社会，则没有那样的区别，因为这些缘故，摄关政治才得以成立。

在摄关政治中，又可以分为起始于藤原良房、藤原基经的前期和从十世纪末的藤原兼家（929～990 年）到藤原道长（960～1027 年）、藤原赖通（992～1074 年）的后期。吉川真司认为：前期的摄关政治派生于太政大臣的职务，依然处于律令制度的范围之内，而后期则与中世纪的国家制度有关联。如果从社会组织方面来看待这种变化的话，那么是不是可以认为在那一段时期，有从以“氏”的组织为基本单位的社会向“家”的组织展开这样的过程呢？

摄关政治的时代也是所谓国风文化繁荣的时代。因为假名的发达，以日语创作诗歌、撰写文章变容易了，从而取代过去的汉诗文，编纂了最初的敕撰和歌集《古今和歌集》（905 年）。之后，又出现了以《土佐日记》以及《竹取物语》为代表的各种文学作品，特别是《蜻蛉日记》、紫式部的《源氏物语》以及清少纳言的《枕草子》等在今天仍然拥有众多的读者。值得关注的是这些作品都出自女性之手。之所以会那样，大概是因为：第一，假名主要是女性使用的文字；第二，在摄关政治之下，有可能成为天皇之母的皇后以及贵妃等在政治上发挥重要作用，以她们的父辈摄关的权威为背景，形成了华丽的后宫社交世界。侍奉皇后等的宫女们也必须具有很好的教养。但是，这些都只不过是外在条件。

阿部秋生为了探寻《源氏物语》之所以成为优秀文学作品的缘由，对记载在"萤火虫"卷的物语论给予了关注。那不是作为紫式部自身的意见，而是以作品中的人物的语气说出来的。"小说所载，虽非史实，却是世间真人真事。作者自己知晓体会后犹觉不足，欲告之他人，遂执笔记录，流传开来，便成了小说。"总之，文学创作的目的在于表现人生的真实。与此相关，阿部还指出：在将那种人生作为虚构的故事来表现这一点上，《法华经》中所说的"方便"①的思想在发挥作用；另外，本居宣长将"幽情"②视为这种物语的主要着眼点的观点是错误的。这种对人生的真实的强烈关注，与在《蜻蛉日记》的序言中所表明的撰写不同于"世上多见的空言"的古物语等的日记的观点是一脉相通的。

源氏物语

但是，人生的真实是多种多样的。紫式部以及道纲之母最关注的事情是什么呢？胁田晴子从女性的角度指出：出生于中级贵族、生活在形成"家族"的过渡期的她们希望不论自己的门第如何，都能通过与丈夫之间的纽带来获得安定的社会地位。胁田的这一观点引起了人们的关注。光源氏的爱妻紫之上因为没有强有力的后盾，所以被女三宫夺走了正妻的地位。那些命运悲惨的故事大

① 译者注："方便"在梵语中为 upāya，指接近彻悟的方法。

② 译者注：在日语中的汉字形式为"物哀"。

概也表明了这一点。

安抚冤魂和祭祀陵墓

人们认为死于非命的人的灵魂作祟，会带来瘟疫的流行以及火灾、雷劈等灾难，为了安抚那些灵魂即冤魂而举行祭祀，是进入平安时代以后的事情。那一方面是因为伴随着平安京的大都市生活，出现了流行病等不稳定现象，另一方面因为佛教的普及，人们相信存在死者的灵魂。

在前文中提到过，作为冤魂最初成为恐惧的对象的早良亲王，加上桓武天皇自杀的皇子伊予亲王（生年不详，807 年卒）及其母亲等，在政治上死于非命的共有八人，人们称之为“八所冤魂”，并为了安抚他们的灵魂举行了仪式。最初的仪式是贞观五年（863 年）在平安宫东南的神泉苑举行的“御灵会”，据说除了读经以外，还表演歌舞和相扑等。尽管成为冤魂的都是皇族和贵族，但据说很多民众都参加了那次御灵会，从这一点也可以看出日本宗教的特色。后来，设立了祭祀这八所御灵的神社（上御神社）。此外，在贞观十八年创立的祇园社，也举行了祇园御灵会，那便是现在的祇园祭的前身。祇园社原本是祭祀守护祇园精舍（精舍是寺庙的意思）的牛头天王的神社。人们相信，不论是冤魂还是牛头天王，正因为那是令人恐惧的威力，所以能以相应的力量来守护人们的生活。以木曾川下游的津岛（今爱知县）为代表，各地的天王社祭祀的都是牛头天王，那作为驱除疫病的神受到人们的信仰。另外，人们相信在延喜元年（901 年）因为与藤原时平（871～909 年）对立而被流放到太宰府，两年后死去的菅原道真（845～903 年）也成了冤魂，带来雷劈等灾难，后来菅原作为火雷天神（后来的天

祇园祭

满大自在天神)被祭祀在京都的北野。

一般来说,祭祀祖先的意识不如这种新神信仰意识强烈。桓武天皇按照以"孝"为道德之根本的中国的观念,重视对以父亲光仁天皇为首的祖先的祭祀。后来,九世纪中叶,制定了年末向十陵四墓(后来为八墓)派遣荷前使供奉钱币的制度。十陵当中最初设置的是天智天皇的山阶陵(位于京都市)。但是,因为被任命为荷前使的贵族认为扫墓不吉利而避讳,所以他们未必忠实地履行了自己的职责。在这样的状态下,在九世纪前后,上述十陵以前的古坟是哪个天皇以及皇后的陵墓就已经弄不清楚了。

第五章　平安时代的佛教

奈良佛教和平安佛教

奈良时代的佛教又被称为南都的佛教或者南都六宗，因为位于奈良的平城京对于位于京都的平安京而言被称为南都，而所谓六宗是指三论、成实、法相、俱舍、律、华严这六个宗派。这些与后来的佛教宗派不同，或许说那是学派更加合适。也就是说，那只不过是关于佛教的学术上的差异。而且，例如三论宗是基于《中论》、《百论》、《十三门论》的宗派。另外，成实宗是基于《成实论》、法相宗是基于《成唯识论》、俱舍宗是基于《俱舍论》等特定的"论"书而成立的。佛教的经典大致可以分为经、律、论三种。其中"经"记载的是佛陀的语录（实际上，并不限于直接传授释迦的话语，也有后来编入的内容，特别是在大乘佛典中，有许多被推定是后来撰写的内容，作为广义上的传授佛陀思想的书，那些都包括在"经"之中）；"律"是关于戒律即僧侣应该遵守的规范的书；"论"则是关于佛陀思想的解释。"论"是理解佛教的重要文献，但与"经"相比只不过是第二手资料。可以说，依据这些"论"的宗派比较多，这一点显示了作为学术佛教的奈良佛教的性质。

平安佛教的特色不在于将佛教作为单纯的知识，而在于将那作为宗教实践的指针来接受的。从奈良时代起，就已经有人基于这种实践的精神离开寺庙，致力于在山林中独自冥想修行。道镜擅权时政府发布过禁止在山林修行的法令，但开辟了平安佛教新道路的最澄（传教大师）和空海（弘法大师）两人都是作为这种山林修行者度过了他们的青年时代。

最澄和天台宗

最澄（766～822年）出生于近江的滋贺郡古市，该地区居住了许多渡来人，最澄也有可能是渡来人的后代。他十九岁在东大寺受戒，之后闭居在比睿山的草庵致力于修行。延历二十三年（804年），他随遣唐使一行到中国，主要在天台山学习天台宗，在中国滞留大约八个月之后回国。天台宗是隋朝的智颤创立的宗派，以《法华经》即《妙法莲华经》为根本。与此同时，最澄还带回了戒、禅、密三宗。戒指戒律，禅即后来的禅宗，密指密教，那些大概反映了当时唐朝佛教界的风潮。

最澄得到了桓武天皇的信任，以比睿山（后来的延历寺）为根据地，致力于培养弟子。在他的活动中最受关注的是佛性论争和设立大乘戒坛的运动。

最澄像

所谓佛性论争是指由会津的惠日寺的法相宗僧德一的一篇文章所引起的论争。最澄所主张的“一乘”的思想和德一所主张的“五性各别”的思想是那场论争的主要对立点。“一乘”（或者称作大乘）的“乘”顾名思义，是交通工具的意思。最澄的立场是：到达佛的世界的交通工具（方法）只有一种，也就是说不论是谁，只要努力学习，就能进入悟出佛陀所教导的彻悟境地。那也被说成“一切皆成”，即谁都能成佛（能到达彻悟的境地）。

而站在法相宗立场上的德一则认为：人生来就有声闻定性、缘觉定性、菩萨定性、不定性、无种性这五种区别，其中被分类在无种性的人无论怎样努力，都不可能达到彻悟的境地。虽然这场论争并没有分出高低，但认为在佛的教义面前人人平等这一最澄的观点明确地体现出来了。

设立大乘戒坛是最澄在晚年倾注了精力的事业。为了在比睿山设立独立于南都东大寺的戒坛，最澄向朝廷提出了请求。原来由鉴真传来的戒律是基于《四分律》的二百五十戒，从这一数目也可以推测，若不是专门的僧侣，那是很难忠实地遵守的。而属于《华严经》系统的《梵纲经》所主张的十重四十八轻戒作为戒律要宽松得多，最澄认为那就足够了。针对只在僧侣世界通用的戒（如果从大乘佛教的立场批判性地来看的话，那是小乘戒），最澄将那称为大乘戒。虽说鉴真自身曾向圣武上皇授予《梵纲经》之戒，已经意识到了这一区别，但最澄认为仅大乘戒就已经够了，并为此计划设立举行仪式的戒坛，那是在大陆佛教中看不到的独自的行动，可以说平安佛教的特色在那里很好地得到了体现。与其说那只是平安佛教的特色，不如说是日本佛教的特色，即便在《梵纲经》所规定的十重戒中，与禁止杀生、偷盗、邪淫等并列，还有禁止售酒、禁止诽谤三宝（佛教）的内容，那些不仅对于僧侣，即便对于俗人也是很合适的规诫。也就是说，最澄所考虑的戒是不分僧俗的、作为社会上的人谁都应该遵守的戒律，重点不是在戒律的形式上，而在作为信奉佛教的人应该遵守的精神方面。这种注重精神而不是形式的倾向后来结晶为镰仓佛教。

最澄不仅在内容上，而且在授戒仪式方面也尝试简化。这一仪式原本需要以戒和上（和上是敬称）为主的三师和七名证师这些被称为“三师七证”的十名高僧到场，而最澄将释迦佛视为戒和上，将文殊、弥勒两菩萨视为其他两师（都是佛像），以“十方一切”的诸佛，即虽然肉眼无法看到，但在世界上无处不在的诸佛取代七证。因此，在授戒仪式上，只要有传戒师一个人就行了。甚至在没有传戒师的情况下，只要在佛像前发誓自己遵守戒律，就等于受戒了。这种自由的想法理所当然遭到了以东大寺为中心的南都僧纲的反对。对此，最澄向朝廷提呈了《显戒论》，以阐明自己的主张的根据。不过，他在同一时期撰写的《山家学生式》中，要求受戒的僧人在山中闭居十二年修行，那说明他并没有允许轻率的生活态度。最澄的主张在弘仁十三年（822 年）他去世七天之后，终于得到了朝廷的承认。接着在四年后，朝廷允许在比睿山设立戒坛。

现在的延历寺中也有戒坛院，至于那是否真实地再现了最澄的意图这一点还存在一些疑问。那是因在江户时代，以比睿山安乐律院为中心，发起了一场复兴戒律的运动，不久即成为一种主流，并一直持续到现在。而被复兴的戒律便是《四方戒》的二百五十戒。

空海和真言宗

空海(774～835年)出身于赞岐国(今香川县)多度郡弘田的国造[1]后裔的豪门。一开始，他立志成为官吏，在平城京学习儒学。不过，后来皈依佛门，一直在四国的山林中艰苦修行，很迟才成为正式僧人，直到延历二十三年(804年)即将与最澄一起入唐土前才受戒。到了唐土之后，空海去了长安，在那里滞留了大约两年，学习了最新的佛教，特别是密教。密教在七世纪起源于印度，在八世纪初传入中国，空海在长安青龙寺师事传授密教的不空的弟子惠果。大同元年(806年)回国以后，他在九州滞留了一段时间，三年后入京城，在嵯峨天皇手下作为文人在贵族社会创作汉诗文、书法作品，同时也创建了真言宗。后来，朝廷将高野山(后来的金刚峰寺)作为修行场所赐予空海。真言宗是密教的别名，中国没有真言宗这样的宗派。真言密教的目标是：通过在口里唱真言(陀罗尼)、在身上结印契、在心里感受三昧(精神集中的状态)，以实现“即身成佛”，即自己与佛的一体化。可以说那是追求实践性佛教的平安佛教的一种解决方法。但同时真言宗也包含堕落为祈祷佛教的危险性——它声称可以通过秘密仪式来免除灾难或带来

空海像

① 译者注：国造是大和朝廷的地方官。

幸福。

与抱着确信而归的空海相比，最澄走了许多弯路。他意识到自己关于密教的知识还不够，想向空海请教，一开始两人的关系很不错。但在弘仁四年(813 年)，最澄向空海借《理趣经释》一书，而将该书从中国带回的空海却说那是"盗法"，写信对最澄进行了严厉的责难。之后，两人断绝了往来。

空海在比较儒、佛、道三教的基础上撰有宣扬佛教的《三教指归》，以及将人的精神境地分为十个阶段，将密教定位为最高阶段的《十住心论》等著作。此外，他在朝廷以及贵族中也有许多支持者，并将原本是官寺的平安京东寺置于势力范围之中。另外他还对南都的东大寺等的行法也产生了影响。必须承认，空海对佛教，特别是对密教很有见解。不过，就与旧佛教的关系而言，如果说最澄与法相宗(藤原氏的宗庙兴福寺的宗派)的德一进行论争，另外围绕戒坛的设立与僧纲对立，坚持革新的话，那么不妨说空海是比较妥协的。如果说最澄是理想主义者的话，那么可以说空海是现实主义者。其结果是，在平安时代中期以后的贵族社会，真言宗的影响力更大，后来的新佛教即镰仓佛教的各个宗派都是在天台宗的影响下成长起来的，这一点值得关注。

台密和天台本觉论

对密教的研究在比睿山也很盛行，在最澄之后，圆仁(794～864 年)和圆珍(814～891 年)分别入唐土，专门学习密教。以东寺为中心的真言密教被称为"东密"，而天台密教则被称为"台密"。

后来，从平安时代末期到镰仓时代，这样的天台密教的发展结果，形成了独特的密教思想，那被称为"天台本觉论"，充分体现了日本人理解佛教的特色。

为了对本觉论进行分析，在此想对佛教的历史以及中国佛教的理论进行简略的说明。创立于印度的佛教大致可以分为传至中国、朝鲜、日本以及西藏的北传系统和传至斯里兰卡以及东南亚的南传系统。构成前者之主流的是大乘佛教，在那样的立场上将后者称为小乘佛教。不过，这是基于价值观的称呼，现在南传佛教一般被称为上座部佛教。但是，即便在北传佛教中，在中国以隋、唐时代为中心，以天台宗和华严宗为代表的出色佛教理论得到了发展。华严宗虽然本身没有怎么繁荣，但后来成为禅宗的理论根据，这一点十分重要。在华严宗中，四法界说将人心的状态一分为四。首先，“事法界”是囿于现实而生存的普遍的人的心，知道那种现实是诸形无常的空虚东西便是“理法界”。但是，并不是停留在那里，而是再次回到现实世界，明明知道那是空虚，却过着不受其拘束的生活，那便是“理事无碍法界”。进而意识不到作为其原理的空虚，在现实中以自由之心生活，便是“事事无碍法界”。天台宗所说的空、假、中的三谛虽然在措辞上不一样，但表明的是同样的观点，即将现实视为空，知道那是一种观念（假的东西），以超越了两者的“中”的境地为目标。

天台本觉论是对这种“中”的思想的发展，那与华严宗的“事事无碍法界”在观点上是相通的。也就是说，那种思想认为：所有现实都是以现实的原原本本的状态在体现佛的世界，因此人不是通过修行成佛，人原本就是佛，只不过没有意识到那一点罢了。针对这种本觉的思想，分阶段到达悟（觉）的境地的观点被称为“始觉”，这种思想来自上述中国佛教的理论，“始觉”和“本觉”这样的词也出自在中国流行的《大乘起信论》。但是，将这种观点彻底化，主张“草木国土悉成佛”，进而主张并非“草木成佛”，而是“草木不成佛”，这是日本佛教的独特思想。说起“成佛”，那么将预想**变成**佛的过程，其实连那种必要都没有，草木原本就是佛，这便是“草木不成佛”的意义。也就是说，不是“即身成佛”，而是“即身即佛”。至于这种本觉思想的影响在之后的镰仓佛教中是如何体现出来的这个问题，将在下一章中进行论述。

第六章 镰仓佛教的成立

从古代到中世纪

关于镰仓幕府的成立时期，说法不一。一种说法认为起始于文治元年（1185年）源赖朝（1147～1199年）从朝廷获准在各国设置守护、地头的时候；另一种说法则认为从建久三年（1192年）源赖朝被任命为征夷大将军的时候开始。总而言之，事实上在这个时候建立了武士政权，并以这一时期为区分点，来区分平安时代和镰仓时代，如果从更广的视角来看，这是日本史上古代和中世纪[①]的分水岭。武士政权的独立的确是一个重大的事件，但如果对那一过程进行探讨的话，可知那种变化并不是突然发生的，而是在那以前就已开始，是社会的发展、政治的变动带来了那样的结果。如果不将更早的时期，即从十一世纪末或者十二世纪初叶以后的政治以及社会的动向纳入视野的话，就不能正确地理解那一变动。这样看来，整个十二世纪是一个社会大变动的时代。

在政治上，呈现出从院政时代，经历平氏政权[②]，再到镰仓幕府成立这样的形态。摄关政治建立在藤原氏的女儿成为皇后或贵妃、她们的皇子成为下一代天皇这种相当偶然的因素之上，因而缺

---

① 译者注：中世纪作为历史分期用语，在日本指镰仓时代（12世纪末～1333年）和室町时代（1336～1573年）。

② 译者注：平氏政权指平安时代末期出现的以平清盛（1118～1181年）为核心的伊势平氏的政权。

乏持久性、稳定性。与天皇母方的摄政不同，院政是父方的父祖即上皇（指退位后的天皇，因为他们居住在被称为后院的宅第里，所以被称为“院”）或者出家的法皇与以前的摄关一样拥有政治实权的政治制度，所以看上去像是摄关政治的延续。院政起始于白河上皇（1053～1129 年），他从将皇位让给儿子堀河天皇（1079～1107 年生卒，1086～1107 年在位）的 1086 年起，历经孙子鸟羽天皇（1103～1156 年生卒，1107～1123 年在位）一直到崇德天皇（1119～1164 年生卒，1123～1141 年在位）的 1129 年实施了院政。之后，又从鸟羽上皇的院政（1129～1156 年）持续到后白河上皇。在那个时候，实施院政的上皇（或者法皇）被称为“治天之君”。统治天下的职责由天皇转移到院，院通过接受进贡获得了许多庄园，积累了巨额的财富。

这种情形可以天皇家的“家族”形成来解释。在此意义上，前文中所使用的“天皇家族”这样的表述是不准确的，天皇家族是从那个时候才开始形成的。这里所说的“家族”是构成日后日本社会单位的组织。家族拥有家业和家产，不完全是血缘集团，而是包括养子以及徒弟在内的协作组织。那以前的天皇拥有作为国家君主的权力和相应的财富，但那不是私有财产以及私人权力，具有公共的性质。但是，从这个时候起，天皇家族将权力实际上转移到了院，进而通过院积累财产，使天皇家族具有了作为私人“家族”的性质。之后，担任过摄关的藤原家族也从十二世纪末起，形成了近卫、九条以及鹰司、一条、二条的所谓“五摄家”。

这样的“家族”的形成，不只限于天皇以及藤原氏，而是这个时代的社会普遍现象，在这种意义上，也可以将以十二世纪为分水岭的从古代到中世纪的变迁理解为从“氏族”的时代到“家”的时代的变迁。很显然，新兴的武士社会，是由像御家人、家仆那样的“家族”组织构成的。不过，一般民众中间出现“家族”，要等到十四五世纪，其结果是全面形成了以“家族”为单位的近世①社会。在这样的意义上，从十二世纪到十五世纪又是伴随着“家族”形成的社会变动的时代。

① 译者注：近世作为历史分期用语，在日本指江户时代（1603～1867 年）。

但是，从形成“家族”的十二世纪前后起，基于所谓“家族”原理的新文化开始有所发展，对这一点有必要给予关注。那么，“家族”的原理又是什么呢？古代的“氏族”和中世纪以后的“家族”都是具有共同体性质的社会组织。不过，与以地方豪族的yake（宅）为基础的“氏族”相比，为了家业而协作的“家族”在成员的平等性以及在那种基础上的自发性这一点上，向前迈进了一步。“家族”是家族成员不论有无血缘关系都彼此信赖，为了家业而分担必要的任务，以永远持续下去为目的的组织。在武士家族的主从关系中，那种信赖关系明确地得到了体现。如果说实现信赖这种人际关系以及以此为基础的职责（作用）是“家族”的原理的话，那么以“信”和“行”为根本的镰仓佛教便是这种原理在宗教上的体现。

镰仓佛教的历史意义

以镰仓时代为中心，涌现了许多杰出的僧侣，他们确立了独特的教义体系及其实践的方法，对后来的时代产生了很大的影响，那个时代的佛教被称为镰仓佛教。不过，其中包括各种各样的内容，例如既有以法然、亲鸾、一遍等为代表的净土信仰（净土教）的系统，也有以荣西、道元为代表的禅宗的系统，还有提出了独特主张的日莲等。因为这些宗教的主张具有独创性，所以相对于天台、真言等传统的佛教而言，又被总称为新佛教。与此同时，传统佛教各宗派内部也出现了革新运动，特别是以奈良西大寺为中心的律宗的复兴等令人瞩目。

镰仓大佛

如果说在前一章论述过的平安佛教是实践的佛教，也就是说不是单纯的知识，而是对实际作为人生存下去有所帮助的佛教，并为此进行了艰难的摸索的话，那么所谓镰仓佛教作为这种努力过程的到达点，也就是说作为真正意义上的实践佛教开花结果了。而且其到达点不止一个，而是有各种各样的解决方式，总而言之，在作为外来宗教的佛教与日本人的实际生活连接在一起这一点上是共通的。从那之后的十四世纪到十六世纪新佛教的各种流派在民间普及并分别形成大教团，成为直至今日的大多数日本人宗教生活的源泉，这些事实充分地说明了这一点。

净土信仰的源流和源信

通过信仰阿弥陀佛，可以在极乐净土重生的想法形成于印度的大乘佛教，六世纪前后在中国得到了发展。昙鸾(472～542年)、道绰(562～645年)、善导(613～681年)等作为初期的代表人物享有盛誉。昙鸾是北魏人，后两者是隋唐时代的人。他们的著作很早就传入日本。此外，最澄的佛教中，也包含净土教的要素。最澄从中国带回了被称为"四种三昧"的佛法修行的方法，其中的"常行三昧"指在九十天里不停地口念阿弥陀佛的方法。另外，"常坐三昧"也就是坐禅，那与包括"法华三昧"在内的"半行半坐三昧"和"非行非坐三昧"合起来被称为"四种三昧"，而最澄看重的是"法华三昧"。其后继者圆仁(794～864年)不仅从中国带回了密教，而且还带回了净土教。从这个时候(他于847年回国)起日本开始盛行"常行三昧"，不久在比睿山的中心即东塔和西塔两个地区分别建起了常行堂。这一趋势是由很多人推动的，其中影响最大的是源信撰写的《往生要集》(985年完成)。

源信(942～1017年)出生于大和的当麻乡，上比睿山成为僧侣，因为对东塔、西塔的僧侣追逐名利的庸俗做法不满而居住在偏僻的横川的惠心院，所以被称为惠心僧都。《往生要集》十卷论述了通过念佛在阿弥陀佛的净土重生的方法，特别是通过与极乐净土的对比来描写地狱恐怖状态的最初部分给人们留下了深刻的印象。受此影响，被称为地狱图和"六道图"的绘画在那以后得以流行。

但是，源信所传授的念佛与法然以后的念佛性质不同，被称为"观相念佛"。所谓观相是指观察阿弥陀佛的姿态("相")，也就是在心中浮想的意思。将精神集中在心中佛的世界以及佛法原理上，那与天台宗的正统行法，即在心中体会"三谛"、"一念三千"等应该说具有相近的性质。也就是说，观相念佛是一种艰难的“行”。

末法思想和净土信仰

说到净土信仰，马上有人会联想到末法思想，不少人认为进入末法之世以后净土信仰才得以普及。但事实究竟是不是那样呢？

所谓末法是关于佛教历史的观念，在释迦辞世之后（佛灭以后），相继出现正法、像法、末法这三个时代。正法之世有的说是五百年，有的说是一千年；像法之世为千年；之后就一直是末法之世。在正法之世，既有佛的教义，也有人们的修行，以及作为修行成果的彻悟（证）。在像法（只有形式上的法）之世，即便有教和行，也不会有证。进而在末法之世，只剩下了教，行和证都不复存在。在当时的日本，人们相信：从相当于佛灭后两千年的永承六年（1051 年）或者次年开始进入那种绝望的末法之世，而且在十一二世纪前后，也就是在平安时代末期，天灾地变以及瘟疫流行，进而发生内乱，人们认为已经进入末世，只好向阿弥陀佛求得一点救赎。

上述说法与其说是事实，不如说是基于净土信仰的一种虚构，其目的在于使更多人相信。切合现实历史的动向来看，虽然古代国家的贵族等走向没落，但大多数武士和平民的社会地位得到了提高。整个社会上，不是充满了被称为末法的绝望感，而是充满了与变革的时代协调的生机活力。不过，在变动期的不安定的社会状态下，人们需要没有繁琐仪式的简易的佛教教义，而净土信仰正好满足了那样的需求。反过来说，因为那样的缘故，作为净土信仰之根据的末法思想也得到了普及。

实际上，在中国，末法思想是从隋唐时代，也就是从道绰以及善导等倡导净土教的时候开始彰显的。受他们的影响，源信撰写的《往生要集》序言中有“彼往生极乐之教行者，浊世末代之目足也。道俗贵贱不归谁”这样的语句。这样的强调“末代”的说明方式在那之后也被净土教所继承。

法然和净土宗

法然(1133～1212年)是美作国(今冈山县)久米南条的武士漆间时国之子,九岁时因丧父而出家,后来上比睿山,在西塔的黑谷修行。他在将《一切经》研读了五遍,学问做到被称为"智慧第一的法然房"之后,接触了《往生要集》并且找到了自己的道路。他四十三岁离开比睿山,开始宣扬自己的净土信仰的教义,这便是后来的净土宗的开宗。虽然当时尚处于平安时代,然而作为新佛教的镰仓佛教的历史从这个时候就已经开始了。

法然像

在法然的教义开始产生影响的时候,旧佛教也加剧了对它的抵制,延历寺以及兴福寺向朝廷提呈了要求法然停止念佛的奏折。实际上,在法然的弟子当中,有人认为只要念佛就够了,因而采取了破戒行动。承元元年(1207年)二月,法然被流放到土佐(今高知县),弟子们也受到了处罚。但是,从法然在同年十二月被赦免这一点来看,那次处罚只不过是形式上的。朝廷中有许多法然的支持者,特别是关白九条兼实(1149～1207年)深深地信仰法然。在武士当中,平重衡(1159～1185年)以及熊谷直实(1141～1208年)等也皈依法然的教义。

法然的主要著作是《选择本愿念佛集》,强调"选择"这种观念是这一宗教的特色。净土信仰原本依据被称为"净土三部经"的《无量寿经》(大经)、《观无量寿经》(观经)和《阿弥陀经》(力经)。根据《无量寿经》的记载,阿弥陀佛原本是被称为法藏比丘的修行者,他在修行中许了四十八个愿,并发誓如果这些愿望不能实现,将"不取正觉",也就是说不成佛。而这些愿望都是平等救济一切众生的内容,因为法藏比丘在十劫(劫是指近于无限的很长的时间)以前就已经开悟而成了阿弥陀佛,所以他的愿望最终都实现了。在那四十八愿中,最主要的是第十八愿,那是"设我得法,十方众生，至心信乐，欲生我国，乃至十念，若不生者，不取正觉”。对此，法然主张：因为阿弥陀佛在许多“行”中选择了四十八愿，进而又在当中将第十八愿作为最平易的念佛之行选择出来，所以人们只要相信那一点，并称名念佛，就能往生于极乐净土。

阿弥陀佛所选择的对本愿的“信”，乃是法然的信仰根本。法然认为只要唱念“南无阿弥陀佛”十次或者更多次，就能“乃至十念”，就这一点而言，在法然那里，念佛的做法本身就具有一种“行”的性质。

亲鸾和净土真宗

法然的门徒亲鸾(1173～1262年)一开始是比睿山的“堂僧”，即侍奉于常行堂的低级僧侣，闲居在京都六角堂斋戒祈祷，因主佛观音(被认为是圣德太子的化身)的指示而师事法然。受承元法难[1]的牵连，曾被流放到越后(今新泻县)，之后自称“愚秃”，意为非僧非俗之人，四年后才获赦免。但他并没有回京都，而是迁移至关东地区，在常陆(今茨城县)稻田度过了十八年。在那期间，他独创了净土信仰的新境界，并获得了很多门徒。

亲鸾的思想特色体现在“愿力回向说”之中。法然认为在第十八愿中显示出来的“至心信乐，欲生我国”，即自己迫切希望生于净土是念佛者首先必须具备的条件，而亲鸾则认为抱有这种想法这一做法本身就会从阿弥陀佛一方转向一般众生，因而主张包括信仰心在内，往生于净土的必要条件已经因为阿弥陀佛的愿力而实现，只要相信那种事实就行了。因此，念佛是为了对无量的

亲鸾像

① 译者注：承元是镰仓时代的土御门天皇(1195～1231年生卒，1198～1210年在位)、顺德天皇(1197～1242年生卒，1210～1221年在位)时的年号，承元法难指法然手下的专修念佛者被镇压，法然、亲鸾等僧侣被流放到各地的事件。

佛的慈悲表示感谢，并不完全具有“行”的性质。这便是所谓彻底的对绝对外力的信仰。

亲鸾大概是在按照法然的教诲来念佛的实践中，意识到自己是连“至心信乐，欲生我国”这种纯粹之心都不能具备的罪孽深重的人，并基于那样的体验形成了对绝对外力的信仰。对于《叹异抄》(被认为是由唯圆记录的亲鸾语录)中的“善人尚得往生，何况恶人耶”，即所谓“恶人正机说”，也可以理解如下，那就是：“自力作善之人”即不相信阿弥陀佛的慈悲，而想凭借自己积善来得到救赎的“善人”是没有信仰之心的人，而意识到自己罪孽深重，一心一意皈依佛的慈悲的“恶人”更具有得到救赎的可能性。之后，亲鸾回到京都，完成了主要著作《教行信证》，死后被埋葬在东山之麓的大谷。

本觉思想和镰仓佛教

亲鸾的“愿力回向说”因为主张人们已经得到了佛的救赎，只要知道那一事实就行了，因此这一主张与在前一章中论述过的天台本觉思想的立场有共通之处。晚年的亲鸾在《净土和赞》中也写道：“请说笃信之人等于如来，大信心者佛性也，佛性者即如来也。”主张人与如来(佛)相等的思想。

关于天台本觉思想和镰仓佛教的关系，认为后者是在否定前者的基础上成立的说法已经成了佛教学界的定论。但是，如果关注亲鸾的上述思想，便能发现两者之间有连续性，不妨认为镰仓佛教将所谓作为理论的本觉思想具体化为实践的宗教了。而将重点放在选择第十八愿的法然的情形也与此相似。

一遍像

岛地大等、宇井伯寿

等著名佛教学者主张镰仓佛教是对本觉思想的发展，特别是岛地对中江兆民的日本没有“哲学”的说法表示反对，认为“没有哲学的国家是没有精神的形骸”，主张本觉思想是代表日本的独特“哲学”之一。

一遍和时宗

时宗的开山祖一遍（1239～1289 年）的净土信仰也显示了与本觉思想的密切关系。由《一遍上人语录》所传颂的“若念则佛我皆无，南无阿弥陀佛”的歌谣便是一例。传说一遍彻悟念佛时念的“十劫正觉众生界，一念往生弥陀国，十一不二证无生，国界平等坐大会”也是一样。这段歌谣的大意是：在十劫以前就得到正觉的阿弥陀佛与凭借信仰阿弥陀佛之一念便能往生于净土的众生是同一不二的。阿弥陀之“国”也即净土是与众生“界”相同平等的“大会”。

一遍是伊予（今爱媛县）的豪族河野氏之子，他以赋算（发牌子）的方式传教，还以起舞念佛的方式表达得到阿弥陀佛之救赎的喜悦之情，并在各地巡回。那样的做法被称为“游行回国”，其传教方式被认为与平安时代念佛劝进的“市圣”空也（903～927 年）一脉相承。

禅宗的传来和道元

道元像

与净土教系列的新佛教相并列，代表这个时代新佛教潮流的还有道元和日莲。

道元是禅僧，但有人说：即便在镰仓佛教中，禅宗采取的也是将在中国（唐、宋）基本上完善了的教义引进日本的形式，所以与其说那是日本的佛教，不如说它具有更多外来宗教的性质。但是，我们至少能在道元身上看出显著的独创性，因此还是应该将他视为镰仓佛教的重要代表人物之一。

禅宗在中国就已经分为许多宗派，道元学的是曹洞宗(曹溪和洞山两僧系统的宗派)，他是曹洞宗在日本的开山祖。不过，日本禅宗的主流是临济宗，临济宗在日本的开山祖被认为是荣西(1141～1215年)。荣西在1187年两次造访宋土，归国后受到了朝廷和幕府的尊重和信任，在京都建起了建任寺，开展了引人注目的活动。但是，除禅宗以外，荣西还兼学了密教，他似乎在密教方面更受到尊敬与信任，因此很难说他是作为纯粹的禅僧在传道。荣西撰写了《吃茶养生记》，宣扬茶的效用，这一点广为人知。临济宗系统的禅宗传入日本，应该与南宋末期、元代初期避难东渡来日本的僧人兰溪道隆(1246年来日本，是镰仓建长寺的开山祖)，以及无学祖元(1279年来日本，是镰仓圆觉寺的开山祖)有很大的关系。就这一点而言，禅宗的确是外来宗教。不过，后来在镰仓时代末期，由于南浦绍明(1235～1308年)以及梦窗疏石(1275～1351年)等人的出现，日本禅宗才走上自己的发展道路。

道元的生平和思想经历

道元(1200～1253年)出身于贵族家庭，是村山源氏系统的久我通亲(1149～1202年)之子。他十三岁上比睿山出家，因对天台的教义抱有疑问而离开比睿山，到建仁寺师事荣西的弟子明全(1184～1225年)。二十四岁那年，他随明全入宋土，在天童山(今浙江省)接受如净(1163～1228年)的指导，最终到达了"身心脱落"即彻悟的境地。他三年后归国，在京都南面的深草地方传播坐禅，四十五岁时应越前(今福井县)的武士波多野义重的邀请移居越前，住在由义重所建造的大佛寺(后改称为永平寺)，之后曾一度移居镰仓，但在八个月后又回到了永平寺。据说他是不好接近权势的孤高之人。道远五十四岁时为了治病去了京都，并在那里去世。

道元在离开比睿山时所抱的疑问是："不谈显密两教，本来本法性，天然自性身。若如此，三世之诸法凭甚更发心求菩提耶?"(《建撕记》)，而那正是他对天台本觉思想所抱的疑问。他是在问：如果说人本来就是佛的话，那么还有什么必要去潜心修行、祈求菩提(彻悟的意思)呢？后来，他乘船入宋，船在明州(今宁波)靠岸时，有一个老僧来买船上装的香菇。老僧说自己在附近的育王山担任典座（伙夫）。年轻的道元和他进行了以下问答。道元问："典座尊年，为何不坐禅辩道，看古人之话头，而烦充事典座，只管作务，有甚好事？"典座大笑着答道："外国之好人尚未了得辩道，尚未知得文字。"[①]在那之前，道元一直认为日常的炊事等杂活与坐禅学习相比，是低级的也是无意义的事情，然而这次的问答对道元来说是一个很大的冲击，对他后来的宗教活动产生了深刻的影响。

道元的宗教思想

道元的主要著作《正法眼藏》是由七十五卷甚至更多卷构成的大部头著作，是用格调高雅、独具特色的和文撰写的。且不谈内容，即便从表达上来看，都可以说那是用和文撰写的宗教、哲学论述的杰作之一。如果说"辩道话"是引子的话，那么接下来的"现成公案"卷则相当于正式的总论。这一标题本身有些费解，大概可以解释为"真理在现实中体现的样态"吧。

"习佛道者习自己也，习自己者忘自己也，忘自己者证万法也，证万法者使自己之身心及他己之身心脱落也。"这段话的意思是说：学习佛教就是为了了解自己，了解自己就是为了忘却自己（不拘泥于自己）；如果不拘泥于自己，那么万法（所有现实）都将明确，就可以到达身心脱落的境地，自己和他者（"他己"）的区别也将因此而消失。为了了解自己，就必须进入忘却自己的所谓自由的精神境地。在上述论旨中，道元对自身的"身心脱落"的体验进行了通俗的说明。

在"现成公案"卷的末尾部分，记载了这样一则故事：在某个夏日里，一名高僧摇着扇子在乘凉。这时过来另外一名僧人，问他："'风性常住'是说风无处不在，又为什么要特意用扇子来扇风呢？"对此，高僧说："你还没有弄明白'无处不在'的意思。"当那名僧人再问时，高僧则不再作答，而只管摇扇子。通过上述故事，道元想表达的是："无处不在"只不过作为观念在被人们思考，也就是说那

---

① 《永平清规》所收"典座教训"。

只不过是一种理论，要想成为体验的事实，就必须采取扇扇子的人的行为。接着，道元以“风性常住，故佛家之风现成大地之黄金，并参熟长河之酥酪”这样的话结束该卷。这里道元大概想表明：只要依照佛教的教义（“佛家之风”），无处不在的平凡日常生活也能成为有价值、充满生机的生活，就像大地成为黄金，黄河之水变成美味的奶酪一样，道元认为那才是现实的真实状况。道元主张通过行动来传授如何体验那种事实。

道元的修行和彻悟

在《正法眼藏》卷首的“辩道话”中，有这样的内容：“佛法修证者一等也，今亦证上之修，故初心之辩道，即本证之全体也。……若成修之证，证无际，若成证之修，修无始。”道元认为：“修”即修行和“证”即彻悟应该是一回事（一等），因为不是为了彻悟而修行，而是在已经彻悟了的基础上修行，因此即便是初学者的学问修行，在那里也已经实现了完全的彻悟。这种修证一致的观点以具体的实践方式显示出来便是被称为“只管打坐”的坐禅。当时人们认为通过坐禅这样的修行，就会到达彻悟的境地，而道元则主张在坐禅进入无心的境地的时候，人就已经处于彻悟的世界之中。也就是说，坐禅是作为佛的行为（佛行）。

认为“修”与“证”是一致的，坐禅不是为了成佛的修行，而是作为佛的修行（证上之修）的道元的这种观点，与主张人本来是佛的天台本觉论的立场是相同的。只不过，不满足于是佛这样的事实，正因为是佛，所以才必须无止境地修行下去（“若成修之证，证无际”），重点在于“行”，这正是道元宗教的特色。“行”既是修行，同时也是作为人生存、行动，即进行日常社会活动的内容。我们不妨认为：正因为确立了“行”的佛教，所以道元在继承了本觉思想的同时，还将其发展成为实践的教义。

日莲的生涯

日莲(1222～1282 年)出生于安房国东条乡[①]的一个名叫小凑的渔村,因而他称自己为贫穷下贱的"旃陀罗子"。严格地说,那并不是身份特别卑贱的意思,而是指自己出身于从事渔业的一般平民家庭。日莲在十三岁时进入近邻的天台宗寺院清澄寺为僧,在巡游了镰仓、京都以及高野山等地之后,于三十二岁时回到了清澄寺,开始唱题(念诵"南无妙法莲华经"),并将僧名由以前的莲长改为日莲。从此《妙法莲华经》即《法华经》作为构成天台宗理论的经典而受到敬重。起始于最澄的天台宗又被称为"天台法华宗",日莲在继承其传统的同时,开创了独自的法华宗,即日莲宗。

日莲像

文应元年(1260 年),日莲撰写了《立正安国论》,提呈给镰仓幕府的执权北条时赖(1227～1263 年),主张社会之所以会有天灾人祸,是因为邪教使得正法被人们忽略。他所说的邪教,是指由法然所倡导的净土信仰。日莲预言:如果听之任之,记载于经典的三灾七难的"自界叛逆难"(内乱)和"他国侵逼难"(外敌的入侵)必定会发生。当时的镰仓武士中间,已经有许多净土宗的信者,他们对日莲表示反感,日莲因为"恶口之咎"被流放到伊豆半岛的伊东,在文永八年(1271 年)又被发配到佐渡,在途经龙之口时还差一点被处以死刑,所幸得到了赦免("龙之口法难")。日莲在佐渡待了三年,在获得赦免后回到镰仓。后来应甲州武士波木井实长之邀,迁移到了身延山。文永十年,当元军第一次来袭时,日莲认为自己的预言应验了,因而更加坚定了自己的信念。但身延山地处深山,天

① 指东条御厨,御厨是伊势神宫领有的意思。

寒地冻，日莲身体状况恶化。他在弘安五年(1282年)出山，后来在信者武藏的武士池上宗仲的宅中(也就是现在的池上本门寺，位于东京都大田区)去世。池上本门寺与身延山久远寺以及下总中山的法华经寺同为日莲宗的大本山之一。

日莲的宗教思想

日莲除众多的著作以外，还留下了许多往来书信。通过那些资料，后人能在一定程度上了解其宗教思想变化的过程。日莲被流放到佐渡以前和那以后的差别特别重要，人们称之为“佐前”和“佐后”。这大概与在龙之口面对死刑的体验相关。被流放到佐渡以前的日莲的观点以《立正安国论》为代表，还明显具有攻击他人的外向型倾向，而在那以后，他的宗教思想的重点转向了深化内心信仰的方面。以往被称为持经者的民间僧侣尊信《法华经》，主张只要拥护它就能避免灾祸，他们从平安时代起就在开展活动。初期的日莲在一定程度上继承了那种传统。不过日莲并不依靠《法华经》的念咒力量，而是将自己视为《法华经》所倡导的精神的实践者，即逐渐加深了《法华经》的行者的意识。虽然持经者也使用行者这样的表述，不过日莲的“行”的意义发生了变化。

在《妙密上人御消息》(建制二年，即1276年)中，日莲说自己是“无戒之僧”，是像牛羊一般的人，那样的自己在没有明确认识的情况下开始念诵“南无妙法莲华经”，“总之，不候好事，不恃恶事。我亦不知，人亦难辨”。这种将自己视为人下人的谦逊态度与亲鸾意识到自己罪孽深重有相似之处。此外，以上引文的后半部分与据说是亲鸾所主张的“奉法然上人之意念佛，堕入地狱亦无悔”(《叹异抄》)的观点也有共通之处。

正如通过念佛得到救赎是因为阿弥陀佛慈悲一样，日莲的唱题同样不是自己的作为，而是由佛所赐予的救赎之道。《观心本尊抄》(文永十年，即1273年)是日莲的代表性理论著作，其结论部分有这样的内容：“不识一念三千者，佛起大慈悲，五字之内裹此珠，悬于末代幼稚之颈。”“一念三千”指在一瞬的思念中看出三千世界的实际状态，那是天台宗对彻悟境地的表述。日莲相信：即便是不能到达那种境界的年幼者，只要念诵“南无妙法莲华经”，释迦佛就会帮助他到达“一念三千”的境地。也就是说，通过这种唱题，自己就能与佛一体化。具体体现日莲这一思想的是日莲宗独特的主佛，其中央大书“南无妙法莲华经”，在四方配置作为守护神的四天王(持国天、毗沙门天、广目天、增长天)，在题目的周围写上佛、菩萨以及众神的名字。因为不是用图像，而全是由文字构成的，所以那又被称为文字曼陀罗，日莲将之称为“本门之主佛”。

日莲宗的寺院中，以在前文中提及过的本门寺为代表，本觉寺、本国寺及本能寺等冠以“本”字的居多，这表明日莲的宗教立足于“本门”的思想。本门是针对“迹门”的词，天台宗将《法华经》二十八品中的前半视为迹门，将后半视为本门，并认为本门显示了久远的本佛即作为超越时间的永远存在的佛(法身之佛)，而迹门则显示了佛随着时间的流逝而开悟的过程。日莲将这种本门的思想独自加以发展，从本门的立场来看，“我等已心之释尊者……无始之古佛也”，以及“今本时之娑婆世界者……常住之净土也”(《观心本尊抄》)，所有现实都是佛的世界。也就是说，本门与本觉论相一致，因此以前的天台宗作为将重点置于迹门的宗教受到了批判。继承本觉论的立场，并将重点置于唱题这样的“行”，日莲的宗教特色在这一点上得到了体现。因此，也可以说日莲成功地将天台本觉论发展成了实践的宗教。以本觉论为基础，并通过重视“行”来开辟新的宗教世界，在这一点上，道元和日莲有共同之处。

第七章　内乱期的文化

武士政权和平家物语

中世纪是内乱的时代，其开端是保元之乱（保元元年，即1156年）。当天皇一家通过院政形成"家族"的时候，围绕"家族"的主导权在内部形成了对立，在幼小的天皇长大成人的时候，以天皇和院的对立的形式体现出来。鸟羽上皇去世之后，后白河天皇先是与崇德上皇对立，后来又与摄关家对立，双方各自招集武士进行战斗，最后天皇一方获得了胜利。之后，围绕着后白河天皇与二条天皇的对立，发生了平治之乱（平治元年，即1159年）。这两场战乱与之后的战乱相比虽然规模不大，但因为是在长期稳定的京都城内发生的战斗，所以人们还是非常震惊。（此后，形成了朝廷在选定年号的时候，在两个字中的第一个字不使用"保"和"平"的惯例。就这一点而言，现在的"平成"算是例外。）

从摄关政治的时候起，京城里的贵族们就不关注地方上的行政，而只是将地方视为经济上的收入来源，地方的治安自然也就乱了起来。为了维持地方上的社会秩序，在各地成长起来的地主和豪族在进行武装的同时，还请来在中央政治中不得志的源氏以及平氏的子孙，逐渐形成了较大规模的组织，这便是武士阶级的诞生。因为他们的武力被贵族们所重视，所以武士逐渐进入中央政界。特别是在平治之乱[①]中获胜立功的平清盛受到了后白河法皇的恩宠，次年成为高级贵族公卿之一员，进而很快晋升为太政大臣(1167 年)。其家人也被任命为高官，平家迎来了鼎盛期。

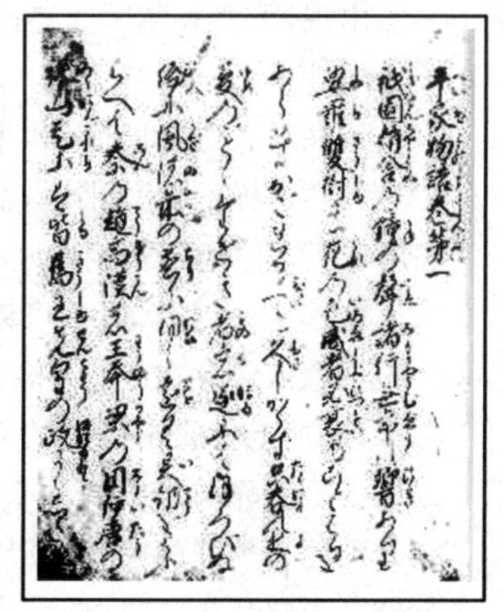

平家物语

但是，平家因为贵族化了，所以游离于地方上的武士社会，源赖朝在伊豆举兵(1180 年)之后，平家不敌源家的势力，于永寿三年(1184 年)在坛之浦战役中灭亡。描写平家从兴起到灭亡的过程的《平家物语》不仅是一部出色的文学作品，而且成为琵琶法师讲唱的曲子，在民间广为传颂。虽说平家贵族化了，但武士毕竟是武士，不擅长政治策略是平家没落的原因之一。另一方面，将平家的命运作为自己的命运来感受，描写勇敢战斗到底的人物形象，是《平家物语》的魅力之所在。在坛之浦战役开始的时候，平知盛大声训示的“今日乃最后一战。众将士不可有丝毫退却之心。……纵盖世之勇士名将，若命数已尽，则力不能及，然须惜名”，便是那种精神的体现。平知盛在说完“应见之事已见，此刻将自尽”之后，就穿着两套沉重的铠甲跳入水中。《平家物语》中虽有法然系统的净土思想，不过那似乎是后来加进去的内容，其重点在于描写武士的活动。

在镰仓幕府成立，掌握了全国的军事、治安权之后，国家权力的主体逐渐从朝廷向武士的幕府转移。特别是在第三代将军源实朝(1192～1219 年)死后，后鸟羽上皇所掌控的朝廷开始发兵征讨幕府，不过以失败而告终，这便是承久之乱(承久三年，即 1221 年)。其结果是幕府的权力进一步得到了强化。被认为是当时撰写的《平家物语》(六代被斩)中就有“承久年间御谋反”这样的措辞。从这个时候到建武新政，“今上天皇御谋反”的表述之所以屡

① 译者注：平治之乱指平治元年(1159 年)十二月发生的内乱，起因于藤原通宪与藤原信赖、源义朝与平清盛的势力之争。藤原信赖与源义朝、藤原通宪与平清盛分别联手，双方展开了战斗。结果源氏败于平氏，藤原信赖被斩首，源义朝被长田忠致所杀。

屡出现，大概表明了天皇已经不代表公共权力，而带有一种私人权力的性质。

在承久之乱以后，和平持续了大约一百年。如果从“氏族”到“家族”这样的视角来看，当时依然处于过渡期。在源家的将军断脉以后，北条氏作为执政掌握了实权，在请摄关家之子以及皇子出任将军这一点上，似乎可以看出与古代的“氏族”的一系系谱相同的观念依然存在。此外，在北条氏之中，不久权力就集中到了得宗家，再加上直属于将军的武士，也即御家人的家庭形态从总领制，也就是由兄弟当中的一个人作为总领统辖其他人的形式，向兄弟分别拥有独立的“家”的形式过渡，镰仓幕府的军事基础不断弱化，最终走向瓦解。

内乱过程和历史观点

镰仓幕府于1333年灭亡，次年后醍醐天皇将年号改为建武，开始了建武新政。但新政在三年之后的建武三年(1336年，在南朝为延元元年)就瓦解了，后醍醐天皇(1288～1339年生卒，1318～1339年在位)迁移到吉野(南朝)，足利尊氏(1305～1358年)在京都开设幕府，拥立光明天皇(北朝)。从镰仓时代的后半期起，天皇的家系就分为持明院和大觉寺两个系统，以交互即位(两统迭立)的方式相妥协。出自大觉寺系统的后醍醐天皇的子孙建立南朝，与持明院系统的北朝形成对立。

1392年，南北合一(实际上是南朝灭亡)以后，室町幕府成为全国的中央政府，但政局并不安定，特别是镰仓幕府以来，地方官即守护强化了作为各自地区的政治支配者的权力，他们被称为守护大名。此后，在十六世纪出现了战国大名，他们在各地形成了独立的国家。

这个时代的文化的特色，在以南北朝时代为主题的史书上均有所体现。《太平记》(四十卷，1371年前后完成)以镰仓幕府末期到南北朝时代前期为对象，常常被说成是站在南朝的立场上撰写的，但实际上未必是那样。可以看出，该书所立足的是以个人道德为基准的儒家历史观。其中称赞南朝人物的记述比较多，那是因为南朝实际存在堪称忠臣义士的人物。另外，该书对后醍醐天皇新政的弊端进行了严厉批判。不过，忠臣并不是被道德所束缚的人物。《太平记》前半部分的主人公楠木正成在明治以后被当作忠诚天皇的楷模，其实那是片面的看法。植村清二指出：真正的楠木正成不仅具有出色的军事才能以及政治见识，而且具有对权力的强烈反抗精神（最初针对镰仓幕府，后来针对足利）。他的感人之处正是体现在那些方面。

北畠亲房（1293～1354 年）的《神皇正统记》（1339 年前后撰写）与《太平记》齐名。该书是由亲房转战于关东地区时，在常陆（今茨城县）的小田城撰写的。亲房是南朝的重臣，他不仅主张南朝的正统性，而且坚信正统的南朝必定胜利，但他的预想最终并没有实现。亲房认为在继承皇位的手续上，南朝比由足利所拥立的北朝正确，那是他主张南朝正统性的根据之一。此外，他认为大觉寺系统有德的天皇比较多。总而言之，《神皇正统记》与《太平记》一样，是以道德上的正确与否为基准。正义者将赢得胜利这种客观且普遍的历史观从来没有这么鲜明地在史书以及军记物语中出现过。也正因为如此，它就具有了强烈打动处于内乱旋涡之中的人们的情感的力量。另外，亲房还认为社会动向由个人道德所左右，这表明在那个时代个人意识有所高涨。

神信仰的道德化

重视个人道德的观念对古来的神道也产生了影响，形成了神道的理论或者思想体系。在对原先的作为超越地区以及国家的存在的守护神信仰中，“祭祀”神的做法本身就有意义，因为作为被祭祀的对象的神有很多是“不定的神”，因此信仰中没有佛教那样的理论根据。一方面由于佛教的普及，另一方面也因为个人意识的成长，人们开始觉得神信仰也要有理论根据。

最先出现的两部神道是基于将神与佛视为一体的“神佛调和”观点的平安时代末期的佛教神道。两部是指密教所指的金刚界和胎藏界两个世界。总之，两部神道将密教理论原原本本地运用到了对神的信仰之中。从镰仓时代到南北朝时代，以伊势的外宫的神官为中心，倡导有别于佛教的日本独自的宗教神道，那便是伊势神道，北畠亲房也受其影响。之后，在室町时代出现了吉田神道。那是京都吉田神社的神官吉田兼俱(1435～1511年)所提出的神道思想，正式名称是唯一宗源神道，其理论体现在兼俱所著的《唯一神道名法要集》等书之中。

"三社托宣"是伊势、八幡、春日三神社祭神时的托宣(告文)，人们将之作为信仰对象来祭祀，或者用挂轴挂在壁龛里。"三社托宣"虽然与吉田神道没有直接的关系，但因传说是兼俱之作，在当时的社会上广为流传。

八幡大菩萨

虽为食铁丸，不受心污人之物
虽为坐铜焰，不到心秽人之处

天照皇太神宫

谋计虽为眼前利润，必当神明罚
正直虽非一旦依怙，终蒙日月怜

春日大明神

虽曳千日注连，不到邪见之家
虽为重服深厚，可趣慈悲之室

也就是说，作为伊势神宫的祭神的"天照大神"是将"正直"，八幡之神是将"清净"，春日之神是将"慈悲"作为人应该遵守的道德加以教诲。与此同时，以更加简洁的形式表现神信仰道德的道歌，即"若心随诚道，不祈神亦加护"也在同一时期在社会上广为流传。

民间神社的设立

关于神信仰，在这个时代出现了另一种新现象，那就是在村落以及城镇，开始建造作为该地区共同生活中心的神社。这些神社一般被称为镇守或者氏神，镇守本来是指守护寺院境内之神的佛教用语，例如东大寺的手向山八幡宫等便是那样。而氏神是古代有势力的氏族的守护神或者祖先神，与一般的平民没有关系。但用氏神来指称村落以及城镇的神社，大概是因为没有适合新出现的民间神社的名称吧。

此外，这些神社被称为 yashiro，或者 miya。所谓 yashiro（屋代）是指称建造建筑物（ya）的场所的古语用法，它原本并不是常设的社殿，而 Miya（御屋）则是作为宫殿或者社殿的建筑。从这两个词语以相同的意思被使用这一点上也可以推测出在当时民间设立了许多的社殿。

神社的祭神在每个村落以及城镇都极其繁多，像八幡宫以及天满天神，以及稻荷、熊野之神等等那样，与邻近地区并存的情况也比较常见。不论是哪个神，重要的是对该神的祭祀，这一点与古代的神信仰是相同的。村落以及城镇的神社的祭神一方面是居民的守护神，另一方面也是代表其共同生活公共性的神，因此这种祭祀一般由被称为"宫座"的居民共同组织来进行，那样的风俗一直在各地流传到现在。但是，如果要正式进行神事的话，关于神事以及服装的知识，神社的规格及神主的身份也都必须有所保证。从这个时候起一直到江户时代，吉田家根据上述需要，通过传授传统知识、认定神社的规格以及神主的身份、负责朝廷与神社之间的联系等形式，而将全国各地的大部分民间神社置于其管理之下。

以共同性为基础的文化

上述民间神社的成立，表明各个村落以及城镇形成了具有作为共同体性质的地区集团。这些村落以及城镇通过居民自治进行运作，并在其周围挖护河和修筑栅栏，对外部采取了防卫态势。在奈良盆地留下了很多这样的村落护河，保存特别完好的稗田村落被指定为大和郡山市的历史文物。在城镇，例如在古代的平安京，由纵横交错的大道所划分的四方形"条坊"被定为行政单位，而这个时候的京都，强有力的行政权力已经消失，形成了按地区划分的居民组织"町"，因为道路两侧都包括在内，所以被称为"两侧町"。如果看京都市的地图，可以看到在中京区和下京区的交界处有"四条大街”，但区的分界线不是东西走向的大街，而是贯通集中了住宅、银行的北侧地区的犬齿形线条，这是因为“四条大街”两侧的建筑在道路扩建后依然保留下来了的缘故。以“四条大街”为中心区域的街道将祇园社作为共同的氏神来供奉，在祇园祭的时候，每个街道都会出动“山车”。

以这些村落以及城镇的共同生活为基础，人们举行各种各样的集会。在集会上，有连歌会或者茶会、插花表演等，由此形成了各种各样的新文学以及艺术。

在将军以及大名等高级武士的住宅中，还设有被称为“会所”的建筑或者房间，在那里举行同样的艺术表演。能乐以及狂言也是由面向集会以及会所的观众所进行的表演发展起来的。这种以共同性为基础形成的茶道、花道以及能乐、狂言等作为代表日本的传统文化的艺术形式，一直到现在依然具有生命力。

内乱期和现代

最早指出内乱期，特别是其末期——十五世纪前后在日本史上具有划时代意义的是东洋史学家内藤湖南（虎次郎）。大正十年（1921 年）内藤湖南在所做的演讲《关于应仁之乱》（后收录于《日本文化史研究》）中说：“在为了了解当今的日本而去研究日本史的时候，基本上没有必要去研究古代史。只要知道应仁之乱[①]以后的历史就够了。那以前的历史让人感觉和外国史相差无几。”这一大胆的观点作为对日本史的敏锐洞察，近年来在学界受

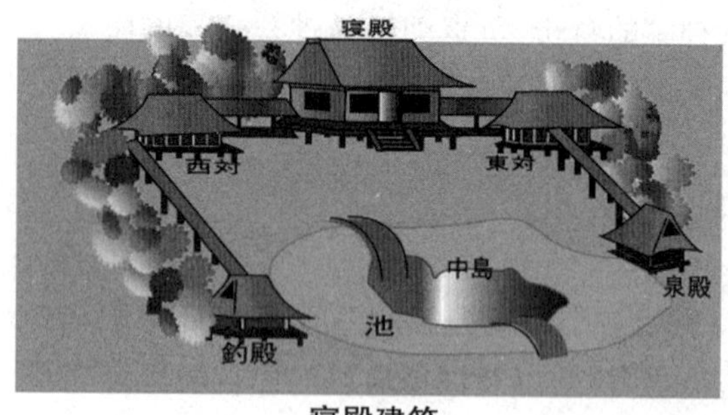

寝殿建筑

① 译者注：应仁之乱指应仁元年（1467 年）至文明九年（1477 年）以足利将军家以及管领田畠、斯波两家的继承问题为起端而展开的战乱。东军由细川胜元，西军由山名宗全率领，京都沦为战场，幕府的权威因此一落千丈。

到了很高的评价。

的确，以应仁之乱(1467年)的前后为界线，日本史可以一分为二。在那之后的历史似乎与现代是连续的。不仅在文学艺术以及宗教生活方面，而且在衣食住行的整个生活方面也是如此。构成现在的和服的原型的"小袖"便装就是从这个时代开始的，一日三餐的习惯也是在这个时候形成的。在居住方面，"书院建筑"取代古代贵族的住宅"寝殿建筑"，更成为现代和式建筑的原型。在寝殿建筑中，被称为"蔀户"的门是向外侧上方开的，而在书院建筑中，使用的是拉门。书院建筑内部用隔扇隔成不同的房间，而寝殿建筑不那样做。开天窗、铺榻榻米、使用纸拉窗也是从这个时候开始的。据说书院建筑起始于禅僧的书斋，从京都的银阁寺(慈照寺)的东求堂同仁斋可以看出初期的样式。

另外在日语史上，十四五世纪前后也被视为从古代语向近代语的过渡期。如果说日语史被分为古代语和近代语的话，那么日本史其本身也能以这个时期为分界，分为广义上的古代和近代两个时代，这是符合日本史实际状态的观点。

书院建筑

第八章 国民宗教的成立

何谓国民宗教

说起日本人的宗教，人们一般认为是佛教和神道等多种宗教信仰并存。但是，那些宗教并不是彼此毫不相关地并存，而是构成某种统一形态，形成了日本人的宗教生活。在这个意义上，可以认为那在整体上形成了一种宗教。因此我想将以神道（对神的信仰）和佛教为基础，在各个地区以及各个社会阶层被人们广为信仰的宗教称为国民宗教。且不谈现在，每个村落以及城镇都有寺庙以及神社的风景直到二十世纪二十年代后半期一般都能看到，可以说那是上述国民宗教的象征。

与现代相连接的这种日本人的宗教状态是从什么时代开始的呢？前一章中，主要论述了十五十六世纪前后，在神的信仰方面，随着作为居民自治组织的共同体的形成，那种共同体守护神的信仰不论在信仰的思想内容方面，还是在建造社殿、完善仪式等社会制度的方面，都发展到了新的阶段。与此同样的变化在佛教方面也可以看出来，因此如果就上述对神的信仰的关联来说的话，不妨认为大致在这一时期形成了上述国民宗教。

寺庙的成立

镰仓佛教的祖师们是在镰仓时代开展活动的，但在那个时代，不论哪种宗教，都是只有少数信徒的新兴宗教。那些在民间普及的净土宗、真宗（一向宗）、曹洞宗、日莲宗等分别形成大教团，是十四世纪以后的事情。

作为这种普及的结果，形成了信徒檀越（檀那之家）和为那些檀越举行葬礼以及法事的寺庙及菩提寺①的关系，即檀越制度。这种檀越和菩提寺的关系，上至天皇（京都泉涌寺，真言宗），以及德川将军（江户增上寺，净土宗），下至一般庶民，虽然在寺庙的规模上存在差异，但基本上是相同的，就这一点而言，是没有等级差别的。

古代的官寺，以及中世纪武士政权所建立的禅宗寺院等原本与埋葬死者的葬礼无关。在那些寺庙中，也有一些起着菩提寺的作用，但一般庶民的菩提寺原本数量就不够，需要更多的民间寺院，于是就有了村落以及城镇的"寺庙"。竹田听洲对那些寺庙的成立时期进行过研究。他所使用的史料是成书于元禄元年（1688年）的名为《莲门精舍旧词》一书，该书汇集了关于净土宗寺院之由来的众多记录。在该书所记载的6,008座寺庙中，就明确记载了开创（包括发展）年代的4,435座寺庙而言，其中1501～1572年（文龟元年～元龟三年）占15%，1573～1643年（天正元年～宽永二十年）占65%。1644～1696年（正保元年～元禄九年）占10%，也就是说有90%是在十六十七世纪的两百年之间创立的。关于净土宗以外的各宗派，目前还没有出现综合性的研究成果，不过基于部分调查报告，已经显示出与此大体相同的倾向。

葬礼佛教的历史意义

那么，创建寺庙的具体情况如何呢？竹田指出：寺庙起源于两个方面，一是地方上武士身份的有势力的农民（地方武士）在自己的宅院内设置的持庵（持佛堂），二是作为地区社会的人们共同进行宗教活动（念佛等）的场所总堂。当为了修行而游历于各地的僧

---

① 菩提是指佛教的彻悟境地的词语，从中世纪起，为死者祈祷冥福被称为"悼念菩提"。

侣选择其中一处定居的时候，那里就形成了寺庙。寺庙的宗派根据僧侣所属的宗派而定，与该宗派的总寺院之间形成了分寺院和总寺院的关系。一般认为檀越制度以及总分寺院制度都是江户幕府为了在锁国以后对宗教进行控制而设立的制度。而根据在前文中提到过的竹田的研究成果，80%的民间寺庙在刚刚开始锁国的宽永二十年(1643年)之前就已经成立了。从这一事实来看，檀越制度以及总分寺院制度并不是因为政治权力而形成的人为的制度，它自身是自然而然地成立的，江户幕府只是在政治上利用了该制度，这样的看法大概比较妥当。

从佛教本来的精神来看，寺庙以埋葬死者及法事为主要任务是一种偏离，因而日本的佛教常常被批判为葬礼佛教。但是，十五六世纪前后成立的日本的佛教或许与印度以及中国的佛教性质有所不同，让所有人在死后都举行葬礼，与以前相比是一个划时代的变化，那在人们的精神生活上具有重要的意义。不论是阿弥陀佛，还是释迦佛，即便宗派不同，所皈依的佛不尽相同，但是如果死后有人帮自己举行葬礼，一定能走向佛的世界的话，那么作为个人来说没有比那更放心的了。在那样的放心感的支撑下，现实的社会生活大概会比较充实。这便是日本的葬礼佛教所具有的本来意义，可以说在这种形式下，天台本觉论变成了现实的宗教思想。

寺庙墓地

给死者取戒名，在日本成为一般习惯。戒名是授予僧人的名字，受戒在佛教中是非常重要的仪式，关于这一点在奈良时代的鉴真以及平安时代的最澄的部分中已经提及过了。可以将那种戒授予任何死去的人，这大概是将死者引向佛道的意思。这一点体现了日本佛教的特色。将死者称为“佛”的习俗估计就是从这个时候开始的。

两墓制成立

随着佛教以上述形式普及，墓的样式也发生了变化。原来在古代日本，被埋葬在前方后圆坟的只有天皇以及地位与之相当的地方上的统治者。而在那之后的横穴式古坟以及群集坟中，虽然被埋葬的人数增加了，但被葬者还是限于有势力者及其家人。到了中世纪，奈良的元兴寺极乐坊以及高野山等地形成了纳骨的习俗。被称为极乐坊的本堂里，挂有描绘着八世纪的僧人智光所梦见的极乐情形的"净土变相"(智光曼陀罗，"变相"是指体现佛的教义的图画)，那里被相信是通往极乐世界的通道。在收纳于本堂的须弥坛下，或者被钉在柱子以及墙壁上的小型木制卒塔婆中，放有火葬骨的纳骨塔婆就残留了两千多个。从镰仓时代到室町时代纳骨塔婆的数量不断增加，因而逐渐被简略的形式所替代。即便如此，估计那主要是奈良周边地区有势力者以及武士的遗骨，其中也有京都贵族的遗骨。火葬原本是印度的习俗，与佛教一起在古代就已传入日本，它是从上流社会开始的习俗。

而到了近世，与身份以及阶层无关，所有人都可以拥有坟墓，当时采取的是被称为"两墓制"的特异形态。两墓即两座墓，是指埋葬墓和参拜墓建在不同的场所。死者被土葬在埋葬墓里，以后家人不靠近那里，年忌以及法事等都在参拜墓进行。参拜墓一般在寺庙附近，因为在那里供养死者是按照佛教的仪式来进行的，所以这种参拜墓与佛教的普及有关。正如在前文中指出过的那样，建造这两种墓的习俗大约是在佛教得以普及的十五六世纪前后形成的。但是，有关这种两墓制，却很少有记录，跟随培里舰队来日(1853 年)的美国人塞缪尔·威廉斯在当时还是小渔村的横滨的见闻似乎是最初的记载。大概是因为两墓制对日本人来说是司空见惯的墓地建造方法，所以没有引起特别的注意。

如果说参拜墓是在佛教的影响下形成的话，那么古代以来的日本一般庶民的墓只是埋葬墓，那也被称为弃墓，有人推测那差不多是遗弃尸体的地方。古坟的被埋葬者之所以不明，大概是因为虽然埋葬时的仪式很重要，但在仪式之后没有持续的对死者进行祭祀的缘故，那也是一种遗弃。

现在，两墓制的习俗在奈良以及三重县等近畿地区农村以及城市的不少地方还残留着。例如在京都，贺茂川的河原、东面的鸟边野、北面的莲台野、西面的化野等地的周边地区都有埋葬墓，同时又在市内的菩提寺设有参拜墓。在相当于鸟边野的入口六道珍皇寺门前，有“六道分歧”（地狱、饿鬼、畜生、修罗、人、天六道的分歧之道），境内有阎魔堂。同样在相当于莲台野入口的地方也有千本阎魔堂。在莲台野的船冈山建造祭祀织田信长的建勋神社，是因为在本能寺之变发生后不久，位于船冈山南面的阿弥陀寺的僧人收埋了在本能寺战死者的尸体。不过，在丰臣秀吉时代的寺庙整顿中，本能寺以及阿弥陀寺被迁移到了贺茂川附近的寺町。同样，大阪的梅田（埋田）以及千日前，以及江户的小塚原（骨原）等地原本也都是墓地。

但是，在埋葬死者之前，为什么要拜阎魔堂呢？死者受到阎魔的审判，因为生前的很多罪孽而被打入地狱，但实际上阎魔的本体（本地佛）是地藏菩萨，人们相信因为地藏菩萨慈悲，死者能从地狱中被解救出来。佛教的特色不在于永远的地狱，而在于相信超越了现世罪孽等的佛的慈悲。

此外，家人也不能靠近埋葬墓，随着佛教的普及，与被净化的灵魂形成对比，“秽”的观念明确化了。这一点强化了对守墓人以及屠夫的歧视意识，这一点也必须引起我们的注意。

把人当神来祭祀

所有死者成佛的时候，就形成了人在死后成为神（kami）这种神信仰的新方式。正如原本在“记纪”神话中，作为神的天照大神从事侍奉神的织女的工作那样，人与神之间的距离很近。另外，很早就有八幡之神是应神天皇的说法。但是，且不谈神话和传说，现实中存在的人在死后成为神，在过去只有平安时代的早良亲王以及菅原道真那些死于非命的人作为冤魂被祭祀在御灵社等处的事例。

正常死亡的人被当作神来祭祀，似乎起始于丰臣秀吉。庆长三年(1598 年)病逝的丰臣秀吉据说留下了想被当作神来祭祀的遗言。在他去世后不久,后人一方面在京都东山的阿弥陀峰建造了墓地,另一方面在山麓的方广寺附近开始建造社殿。社殿一开始被称为“新八幡”,估计那是因为有与作为源氏的氏神即武神“八幡神”并列,以庇护丰臣秀赖等子孙的意图。认为死者成佛的想法比较普遍,认为佛神一体的“本地垂迹”思想在平安时代就已经存在。人们认为本地(本体)即佛在日本作为神而出现(“垂迹”指以可视的形象出现。实际上,神是肉眼看不到的,但与印度的佛相比,日本的神是现实,因此这样来表述)。而吉田神道则相反,主张神才是本地,佛是神的化身。基于吉田神道的观点,丰臣秀吉成了神,并在死后第二年便被朝廷授予了“丰国大明神”的神号。在创立丰国神社时,唯一的先例是祭祀藤原氏的始祖藤原镰足的多武峰庙。随着时光的流逝,庙被视为与神社相近的设施,其实藤原镰足并不是被当作神道的神来祭祀,多武峰庙被改为谈山神社是在明治维新以后。

虽然是首创,但当时的人对将丰臣秀吉作为神来祭祀并没有什么不适应,这一点值得关注。实际上,在那之后,以祭祀德川家康(1542～1616 年)的日光东照宫为代表,近世以来,留下了功绩的死者作为神来被祭祀的事例并不少见。上述本地垂迹的理论大概也对此起了作用。对于不知道那些高深理论的庶民而言,正如“三社托宣”等所显示的那样,神虽然具有威力,却近似于人。即便在现在,大多数日本人的宗教信仰依然是:在现世中得到神的庇护,死后在佛的引导下能去极乐净土。如果将这称为国民宗教的话,那么它大概创立于十五世纪前后。

第九章　近代国家的成立和历史思想

从中世纪到近代

从镰仓幕府成立的十二世纪起，朝廷逐渐失去了作为公共权力主体的性质。在十四世纪的建武新政失败以后，足利将军的室町幕府实质上成为中央政府，但国家的公共权力并没有集中到那里。镰仓、室町时代的政治统治以庄园制（或者是庄园的公领制）为基础，不仅武家的幕府，而且朝廷（天皇和院以及贵族们）以及有势力的寺院、神社也都作为庄园领主分享了政治权力即国家的公共权力。那之所以被称为“权门”体制，是因为国家权力是由贵族（包括天皇在内的朝廷）、武士（被幕府统一的武士们）以及寺庙神社这三种权力者构成的缘故。这构成中世纪日本国家的特色。

但是，十五世纪前后，这种体制瓦解了。庄园以及公领的地方管理者——庄官以及地头等作为各自所领地区小领主的性质得到强化，开始独立于居住在京都以及奈良的高级领主。这便是庄园制的瓦解，以往的国家体制也因此而名存实亡。村落以及城镇之所以必须建立由居民构成的自卫组织，是为了应对这种无政府的社会状况。正如在前文中所说的那样，佐原真认为那与古代国家成立以前的弥生时代的社会状况相似。

持续到中世纪的国家权力一旦瓦解，就出现了试图建立取代它的公共权力的动向。毋宁说，正是因为出现了那样的动向，所以以往的公共权力瓦解了。这一动向是指在低级武士以及一般庶民中间形成了“家族”以及作为“家族”集合体的村落城镇等地区共同生活的组织。这些村落和城镇与直接进行统治的小领主等一起屡屡形成被称为“总”的集团，他们与庄园领主以及守护大名的统治相对抗，发动了各种起义。看上去那像是反权力的运动母体，但实际上他们反抗的是旧势力而不是后来形成的新政治体制，因而被纳入新体制内。主导那种新体制建设的，是十六世纪在各地出现的战国大名。

作为“役”的体系的近世国家

因为各地的战国大名都是各自独立成长起来的，所以很难一概而论，不过他们的政治方针基本上一致，在领地内实施检地，并基于检地结果实施所谓“兵农分离”的举措具有特别重要的意义。检地作为取代庄园制的新土地制度，其目的在于对农地的实际状况进行调查，并根据土地的生产能力制定新的租税制度。土地的生产能力以货币的贯数，或者大米的石数来表示。一般百姓被课以租税，侍奉大名的武士则被部分或者全部免除，不过武士被课以军事上奉献的义务即兵役。那个时候的武士，既有与原来的庄官以及地头的系谱相连的“国人”，也有地位较低的地方武士，不过他们一般都居住在农村，只有发生战斗时才作为武士行动，武士和农民的区别并不明显。以“役”之有无或者种类来明确区分武士和农民，便是“兵农分离”。

正如古代律令“赋役令”所规定的那样，“役”是劳动奉献的意思。在古代的税制中，以实物交纳的租税比较轻，而与人身相关的调、庸以及实际征用的劳动、岁役的负担则比较重。有人认为：因为民众无法忍受那种痛苦，所以出现了律令制瓦解，过渡到庄园制的情况。在庄园制下，人们以年贡和公事的形式为领主效劳。年贡以实物交纳，而劳动奉献及其替代物被称为“公事”。“役”原本是指对国家的奉献义务，大概是在对分享国家的公共权力的庄园领主进行奉献这样的意义上，“役”才被称为“公事”的。镰仓幕府的“御家人”[①]必须从事的守卫京都以及守卫镰仓的任务，那也被称为“役”，这是因为幕府与朝廷并列，具有作为公共权力主体的性质。进而，在整个镰仓、室町时代，权门体制下政治权力虽然分散，但在伊势神宫每隔二十年迁宫的时候，超越庄园以及公领的范围，全国（九州除外）都被课以劳役以及供给粮食的负担。

这样看来，战国大名所规定的领内武士的“兵役”，那不仅是基于大名和武士们的主从关系的奉献义务，而且还是国家制度下的武士的义务。我们必须对此给予关注。也就是说，那是形成新国家秩序的第一步。不仅武士，农民也被课以筑城以及修路等劳动的义务。在城关镇以及港口城镇——那里居住着对统治领国来说是不可或缺的从事工商业的商人，对于他们来说，也有各种各样的关于“役”的规定。

战国大名的小国家被后来的织田信长和丰臣秀吉所统一，在天正十八年（1590年）成立了新的统一国家。其国家的构成原理与战国大名的情况相同，秀吉在全国实施了检地（太阁检地），一方面将兵农分离一般化，另一方面以传统君主即天皇的权威为背景，成为实质上的统治者。在秀吉去世后三年，因为庆长五年（1600年）的关原之战，支配全国的权力转移到了德川家康手中。三年后，德川家康也被朝廷任命为征夷大将军。丰臣秀吉曾经担任关白、太政大臣，晋升到了朝廷的最高官职，虽然那只不过是一种形式，其目的在于统一天下，不过因为他利用了天皇的权威，所以他的权力并没有明确地从朝廷分离出来。但是，通过继承镰仓、室町两幕府的将军的地位，征夷大将军的称号意味着武士掌握了公共权力。镰仓幕府以及室町幕府的将军只掌握了一半或者大部分公共权力，而德川家的政治（江户幕府）则将其全部掌握在手，朝廷只剩下了任命将军的这种形式上的权限。

这种新的国家公共权力被称为“公仪”。从战国时代起，大名作为地方上的公共权力，已经被称为“公仪”，为了与之相区别，江户幕府被称为“大公仪”。虽说是统治全国，但战国时代以来的大名在各地割据的体制依然持续，在江户时代有260多个大名。但

① 译者注：镰仓时代的御家人指将军直属的家臣。

是，这些大名在初期屡屡因为幕府的命令而改变领地（国替、转封），或者被没收领地（改易），他们作为领主的自立性并不很充分，毋宁说有近似于地方官的一面。而且，大名在迁移的时候，不允许带上农民、町人，只能带上武士。

这样一来，便形成了武士、农民、町人这三种等级。将其表述为“士农工商”是基于古汉语的学者用语，并不是幕府以及大名公用的表述。这种等级制度的特点在于它是按照职业来区分的，构成这个时代的社会的“家族”是以经营各自的家业为目的的组织，根据家业的种类分为各种等级。因为是按照职业来区分的等级，所以与按照血统等来区分的等级不同，其区别并不严格。而且，因为有双系制的家庭传统，如果以上门女婿的方式成为养子的话，没有血缘关系的人也可以继承家业。因为家业是以单独继承为原则，所以家长的地位与古代的氏族相似，是一系系谱。如果长子继承家业，那么次子、三子……为了谋生就必须走向社会。那也成为社会发展的动力之一。武士和武士之间在同一等级内养子的情况固然比较多，但也有武士的儿子成为商人或者农民的养子，以及相反庶民的儿子成为低级武士的养子的情况，还有继承高级武士的家业的事例。虽然没有统计上的数据，不过可以推测出在当时具有相当的社会流动性。

等级之间的歧视原本就存在。特别是姓和佩刀被视为统治阶级即武士的特权，在一般庶民中，只有功劳卓著的人才被允许有姓和佩刀。姓是家族的名称，在镰仓时代，从源氏的嫡系分出来的新田、足利两家是以他们分别领有的新田郡和足利庄的地名作为家族名的。有人认为只有武士才有家族名，是因为在庶民社会，家族尚未成立，不过这种观点是错误的。在农民以及商人社会里，也有用用族号（店号）来表示家族名的。不过，实际上在历史上报家族名开始于十二十三世纪前后的武士和贵族，而庶民之间形成家族要稍微迟一些，是在十四十五世纪以后。通报作为家族名的姓大概被视为上流社会的象征。说起来，武士大多是因为十六世纪的兵农分离而被编入武士社会的。正因为如此，所以他们有必要将武士的自豪感以某种形式表达出来。

然而，即便在身份上有区别，但他们原本就是农村以及城镇的居民，那样的痕迹仍遗留在幕府以及大名的严格的制度上。相当于现在的大臣的“执政官”被称为“老中”，那与镰仓幕府的“执政”以及室町幕府的“管领”不同，“老”是“成年人”的意思，而“中”则指复数。“老人”以及大名家的“家老”的情形也都相同。“成年人”是指代表在十五世纪前后形成的村以及町的自治组织并负责管理的人。而且，从这个时候起，在村落以及城镇，在“成年人”的指导下，被称为“若众”或者“若者组”的青年人负责实施村落以及城镇的活动。也就是说，江户幕府以及大名等政治组织是以与村落以及城镇的自治组织相同的原理构成的。

那样的共通性，即便在上述“役”中也可以看出来。武士在承担“兵役”的同时，在和平时期也有担任政治上的各种职务的义务。与兵役一样，那些义务也都被称为“役”。幕府的“老中”等中有人被任命为大名（谱代大名），那些都是“重要役”。大名家的“家老”等被一般武士称为“御重役”。将军是被朝廷任命的“职”，此外的所有职务都是“役”。服务于那种“役”的人便是“役人”。就庶民社会而言，在初期承担劳役的农民全部都被称为“役人”，而在中期以后从事村落以及城镇的行政事务的农民以及城镇居民被称为“村役人”、“町役人”。众所周知，“役人”这种称呼在明治以后一直用于官吏以及公务员。此外，作为执行公务的场所“市役所”、“町役场”[①]等名称即便现在也还在正式使用，而且在企业中也使用“重役”以及“役员”等来称呼管理人员。

“役”这个词是古代从中国传入的，但是，上述“役人”、“役所”这样的词语在中文中并不存在。即便有“役人”这样的词，好像也是指被强制劳动的人。这种意思的用法在现代日语中也有，例如“劳役”、“惩役”等等。不过，在那种情况下，读成汉音“eki”，以示区别。以古来的吴音读成“yaku”是指基于上述作为国家、地区或者企业的一员的意识，表现主动承担责任时的词语，是一种引以为豪的观念。如果可以将由这种意识和自发性所支撑的分担职能的组织成为“役的体系”的话，那么它不仅构成了成立于十六世纪的新国家的特色，而且还是日本人在历史发展过程中形成的独特的生

① 译者注：“市役所”、“町役场”分别是“市政府”、“镇政府”的意思。

活文化。

虽然在分担国家的“役”这一方面是共通的，但因为武士以及商人集中居住在城关镇，而农民则居住在农村、山村、渔村，以这种形式进行兵农分离的结果，武士基本上不干预商人以及农民的职业活动，城镇以及村落的自治权扩大。因此，与各种等级相对应的技术以及学术得到了令人瞩目的发展。在主要产业农业方面，生产者不断在品种改良、利用肥料以及栽培商品作物等方面下工夫，记载着那些经验的农书在各地出现。建筑以及纺织品、陶艺等手工业也取得了各种技术进步。在商业方面，汇兑以及期货交易也得到了发展。后来日本在十九世纪后半期从西洋引进近代工业的时候，各个领域的生产技术的发展成为理解、接受近代理念的基础。与此同时，通过以武士阶层为中心发展起来的关于政治、军事的知识等，很快建立起了西洋式的近代国家体制，那也是因为近世即江户时代的社会以及文化具备能够适应西洋近代文化的条件。对“近代是什么”进行定义是一件困难的事情，不过从上文来看，不妨认为日本史上的近代是从十六世纪的近世国家成立时开始的。

禁止基督教和出兵朝鲜

因为新的统一国家的成立，在对外关系方面也发生了各种各样的变化。在战国时代的天文十八年(1549 年)，由沙勿略(Francisco de Xavier，1506～1552 年)传来的基督教(天主教的一派，耶稣会的教义)在西部日本传播开来。天正十五年(1587年)因为征伐九州而来到博多的丰臣秀吉得知长崎成了教会的领地，便宣布禁止传教，命令将传教士驱逐出境，这便是最早的禁教令。国家统一

禁教

受到侵害的危机感是发布该令的主要动机。此后，在庆长元年(1596年)，发生了漂流到四国土佐的西班牙船圣菲利浦号的船员在当地传教并宣称将派遣军队进行占据领土的事件。该事件发生后，丰臣秀吉命令逮捕违反禁令潜入的传教士等，并将他们押送到长崎处死，教会方面称那次事件为“二十六圣人殉教”。不过那不是因为宗教内容，而是因为国政上的原因而发生的事件。

不久，在庆长五年三月，荷兰船利弗迪号漂流到九州丰后的海岸，德川家康让该船航行到江户，并给予船员威廉斯·亚当斯以厚遇，试图以不传教为条件与英荷两国开展贸易。当时，长崎的贸易被荷兰人所垄断，而那种锁国的状态是由对基督教传教的戒备心所带来的。

日本一方面担心外来侵略，另一方面又反过来试图对近邻地区扩大新国家的势力范围。蛎崎氏(后来的松前氏)被任命为虾夷岛主，统治津轻海峡以北的阿伊努。还是在丰臣秀吉的时候，日本就对南方的琉球国有过征服的意图。不过，在庆长十四年(1609年)，萨摩的岛津氏在得到江户幕府许可之后才进占琉球。我们可以将从文禄元年(1592年)到庆长三年(1598年)出兵朝鲜视为构成这种外交政策之一环的事件。尽管出兵朝鲜以失败而告终，但那并不是由于丰臣秀吉一时心血来潮而引发的事件，而是结集了全国大名之全力的国家事业。如果以二十世纪末的现在的价值观来看，那是无意义的侵略行为，但当时人们的想法与现在是不一样的。实际上，在日本出兵不久，兴起于满洲的女真族的后金国(后来的清朝)在1627年和1636年两次出兵朝鲜，使其降服，成为自己的属国。在法国大革命爆发后不久，从十八世纪末到十九世纪初，由拿破仑所率领的法国军队征服了意大利、德国、西班牙，还远征俄国，但遭到失败。我觉得那些事件与丰臣秀吉出兵朝鲜有相似的一面。对于这个问题，有必要从世界史的视点进行考察。

丰臣秀吉像

桃山文化的特色

桃山文化是指安土桃山时代(1568～1598年),即织田信长和丰臣秀吉推动统一天下事业时代的文化。这主要是在美术史领域使用的时代名称,不过一般也将江户时代初期即十七世纪初的文化包括在内,统称为桃山文化。丰臣秀吉的根据地之一伏见城(另一个根据地是大阪城)因为关原之战(1600年)而成为废城,因为那里栽种了桃树而被称为"桃山",不过那并不是当时的称呼。

作为这个时代的文化特色,有三点值得关注。

姬路城

第一,实用的、功能性的事物产生了新的美。作为军事防御设施的城堡之所以成为日本特有的美术性建筑之一,就是因为这样的缘故。大概是因为城堡不仅是军事上的要塞,而且也是地区的政治中心,是居住在那里的人仰望的权威的象征。城堡的地基石垣的斜面不论是直线状,还是被称为扇形斜坡的曲线,都构成日本城堡特有的美。不用说,石垣及其外侧的护城河都是实用的防御设施。

第二是行动性。那些不是静止的观赏对象,正如姬路城迷宫般的建筑物配置以及由桂离宫、修学院离宫所代表的环游式庭院构造所显示的那样,那是一种在行动中体现出来的美。

第三是社交性。这一点以这个时代设在城郭中的"书院建筑"的御殿,特别是其中被称为"对面所"的用来接待客人的房间为代表。不仅如此,用拉门以及墙壁隔开,用金碧辉煌的华丽的屏风画装饰的大多不是个人的居室,而是用来谈话以及举行社交仪式等的场所。可以说过去时代的会所的传统在那里得到了继承。

历史的时代

就学术以及思想的领域来看，编纂通观从古代到当时的史书构成了这个时代的特色，值得我们的关注。作为江户幕府的事业的《本朝通鉴》（二百七十三卷，完成于宽文十年，即1670年，内容从神武天皇到后阳成天皇〔1611年〕）和由水户藩第二代藩主德川光圀开始编纂的《大日本史》（从明历三年，即1657年开始编纂，明治三十九年，即1906年完成，内容从神武天皇到南北朝时代）都是公共机关所进行的日本通史的编纂事业。作为这种事业的先例，只有七世纪末从天武朝开始的《古事记》和《日本书纪》。正如《古事记》和《日本书纪》是为了说明古代国家的成立由来而编纂的一样，生活在十七世纪初叶的人们大概也感觉到了在与古代国家并列的第二次统一国家即近代国家成立的时候，为了明确其成立的由来，有必要对古代以来的历史变迁在整体上进行概观。除了上面两种作为公共事业的史书以外，还有山鹿素行（1622～1685年）撰写的《中朝事实》、《武家事纪》以及新井白石（1657～1725年）撰写的《古史通》、《读史余论》等许多尝试对古代以来的日本历史在整体上进行记述的著作。可以认为，已经有人意识到了新时代的开始，并试图从那种视点对过去的历史从整体上进行整理。

儒家的历史观

前文中曾经指出：在平安时代初期的桓武天皇以及南北朝时代的历史书等都受到过易姓革命的儒学历史思想的影响。在真正接受那种历史观，并试图基于那种思想重新建构日本的历史这一点上，上述历史书基本上是共通的。不过，因为《本朝通鉴》采取的是编年体，所以其历史观未必鲜明地体现出来了，不过这项编纂事业的中心人物林罗山、林鹅峰父子也是站在儒家历史思想的立场上的。

将易姓革命的历史观明确地运用到日本史的是《大日本史》和

《读史余论》。《大日本史》的内容截至南北朝末期的明德三年(1392年),将日本史只论述到南北朝的理由何在呢?《大日本史》采取的是南朝正统论的立场,这一点广为人知。该书最初的设想中,大概有这样一种想法,那就是:随着正统的南朝灭亡,古代以来的天皇国家的历史已经结束了。安积淡泊(名觉,1656～1737年)在回顾中说:在该书的初期设想中,北朝的天皇完全未被承认。如果在"异邦革命之世"也即中国那样的易姓革命国家的历史中,那种写法也许可以,但那种做法是否适合日本呢?他曾经抱有这样的疑问。不用说,北朝的天皇是从室町时代持续到江户时代的天皇的祖先。不过,《大日本史》中,对南朝灭亡之后由谁建立了新王朝这一点并没有涉及,因为在那之后,淡泊所看到的初期稿本从德川光圀的晚年起,将明德三年北朝的天皇以及后小松天皇的一代(截至1412年)在本纪中进行了论述,并逐渐进行了修订,所以基于革命史观的日本史这一性质在江户时代以后出版的现行版本中变得不明确了。

与此不同的是,新井白石的《读史余论》明确显示出了革命的模式。该书的上卷,将摄关政治自平安时代中期形成以来,朝政逐渐衰退的过程记载为"九变",即九个阶段的变化,在其最后的南朝衰亡以后,"天下之人不知有皇家",认为天皇的朝廷实质上已经消灭了。该书的中卷记载了截至南北朝时代的武士崛起的过程,而下卷则记载了南朝灭亡以后即从室町幕府的第三代将军足利义满(1358～1408年)的时代到江户幕府的成立过程。在中卷和下卷的武士历史中也有"五变",该书认为在足利义满之后完全形成了"武士的世界",那由德川家康所完善。这显然体现了在持续到南朝的天皇的朝廷之后成立了武士王朝的那种彻底的革命史观。

这种基于儒家学说的历史思想来解释日本史的做法未必符合日本史的实际状况,因此在江户时代中期以后很快得到了修正。但那并非只是观念上的游戏,而是将为政者如果不遵守社会公德、实施正确的政治则一定会失去天命这种思想通过具体的历史叙述表述出来了,因而对社会产生了很大的影响。《读史余论》是新井白石最著名的著作,在江户时代赢得了众多的读者。

儒学的普及

儒家思想在一般武士以及庶民之中广为普及构成了这个时期文化的特色。战国时代开始，就已经有大名让具有儒学知识的禅僧在身边侍讲。京都和镰仓的被称为“五山”的临济宗大寺院以及关东地区的足利学校（今栃木县）等便是培养禅僧的学校。此外，在贵族当中，也有专门研究儒学（明经道）的清原家。但是，在这些僧侣和贵族等具有特殊身份以外的人中间出现儒学者，是从藤原惺窝（1561～1619 年）及其门生林罗山（1583～1657 年）开始的。特别是林罗山在庆长八年（1603 年）在京都城内与和学（歌学）家松永贞德（1571～1653 年）等一起在公开场合借助朱熹的注解来讲解《论语》，那是一件划时代的事情。据说贵族清原秀贤曾以将儒学知识视为秘传、只在狭窄的师徒范围内进行传授的习惯是“国法”为由，请德川家康禁止林罗山等公开讲授儒学，但德川家康付之一笑。次年，林罗山拜藤原惺窝为师，进而在庆长十年拜谒德川家康，在幕府供职。自那以后，林家世袭了代表幕府的儒者的地位。

林罗山像

除此以外，出版也很盛行，儒学的道德思想也因此广为普及，例如：京都的儒学者朝山意林庵用假名撰写的《清水物语》是对话体的教训书，初版在宽永十五年（1638 年）出版，据说在京都以及周边地区售出了两三千部。在迎来新时代之时，人们大概在寻求自己心中的依托。

第十章　元禄文化

近世社会和佛教思想

因为织田信长烧毁了比睿山的延历寺(1571年)，还攻打了宗教起义的根据地石山(大阪)本愿寺，并将僧侣们驱逐(1580年)，所以有人认为起始于织田信长的近世的统一政权采取了与佛教对立、否定宗教权威的方针。此外，还有人认为构成近世的社会、文化之特色的现世主义的倾向就是在这种对佛教权威加以否定的基础上形成的。但是，织田信长在政治上反对的是作为世俗势力的佛教教团，而并不是佛教或者宗教本身。延历寺在中世纪拥有大庄园，是有势力的权门之一，在战国时代，通过与浅井长政(1545～1573年)、朝仓义景(1533～1573年)等大名联合，对织田信长构成了军事上的威胁。另外，在那些没有被纳入战国大名领国的地区，居住在地方上的武士等与小领主联合起来，以本愿寺的权威为背景在各地举行宗教起义，所以也不妨将宗教起义视为武士起义的一种，虽然一向宗(净土真宗)信仰在结集武士时发挥了作用，但那并不是纯粹意义上的宗教组织。在以石山为代表的各地的一向宗起义失败之

织田信长像

后，兵农分离实施了，不过在莲如(1415～1499 年)指导下扩大的教团势力存续下来了。离开石山的法主显如(1543～1592 年)在丰臣秀吉时代在京都重建本愿寺(西本愿寺)，其子教如(1558～1614 年)在德川家康的支持下创建了东本愿寺。延历寺也在秀吉时代得以重建。

事实上，与近世的现世主义风潮相比，中世纪的宗教力量比较强大。镰仓佛教从创立到普及的过程很好地说明了这一点。特别是就戏曲而言，如果将在十四世纪由观阿弥(1333～1384 年)、世阿弥(1363？～1443 年？)等所创立的能乐与在十七世纪以后出现的歌舞伎加以比较的话，很显然前者，特别是构成主流的"梦幻能"带有浓厚的宗教色彩。"梦幻能"所采取的形式是：旅僧来到某地，一个陌生人在他面前出现，向他讲述该地的往事，等僧人睡着之后，梦幻中以往的人物就在他身后出现，讲述自己生前的事情，并起舞拜托僧侣为之供养，然后消失。作为亡灵而出现的过去的人物多是武将(修罗物)、女性(发物)以及在战乱中悲壮地死去以及平安时代以来因为政事或恋爱而遭受痛苦的人，他们成为了"梦幻能"的主人公。在中世纪那样的战乱时代，人们经常听到、看到有人死于不幸，大概是为了替那些人安魂，所以产生了这样的戏剧形式。那与古代的冤魂相似，不过他们不会作祟，而只求得到佛教的拯救。

歌舞伎

到了近世，能乐以及谣曲主要作为幕府等武士社会举行仪式时上演的戏剧而保持着生命力，而在歌舞伎以及人形净琉璃等新型戏剧中，再也看不到那么明确的宗教性。那不是对宗教的否定，大概是因为在前文中提及过的神社以及寺庙或者坟墓等，作为社会制度在日常生活中已经定型的缘故。悼念死者以及替死者安魂都已经是日常性的事情了。

作为这种新时代的佛教思想而受到关注的是铃木正三(1579～1655年)的著作《万民德用》。正三原本是德川家康手下的武士,他四十二岁时出家,成了曹洞宗的僧人。在该书中,正三主张武士、农民等根据自己的身份尽责尽职便是"佛行",即作为佛的行为。关于农民,他认为"农业即佛行","生为农人乃天所授养育世界之役人也"。也就是说,生产食物养活社会上的人,就是对人们有所贡献,也就是实践佛的慈悲之心。同样,"若无铁匠、木匠等诸工匠,世界不可调所用;若无武士,世不可治;若无农人,则世界无食物;若无商人,则世界不自由",主张职业活动本身带有宗教的意义。虽说并不是每个人都像铃木正三那么明确地意识到了,但不妨认为那是生活在那个时代的人的共通想法。

何谓元禄文化

从十七世纪中叶到十八世纪初叶,以京都、大阪为中心发展起来的文化被称为元禄文化。在近世国家成立大约一百年来,日本的经济实现了显著的发展,大米的生产量在十六世纪末大约为1800万石,而在十八世纪初叶则增至大约2500万石。各种产业也得到了发展,以那样的经济实力为背景,新文化迎来了春天。但是,认为元禄文化只是具有经济实力的都市商人的文化则未免过于简单化了。桃山文化是以政治统治者、权势者的世界为中心的文化,元禄文化的庶民色彩浓厚固然是事实,但所谓庶民不一定都是商人出身,在元禄文化中活跃的许多人,像近松门左卫门(1653～1724年)那样的出身武士的人也相当多。在整体上,元禄文化是华美的现世文化,在这一点上,桃山文化与元禄文化有共同之处。例如,尾形光琳(1658～1716年)的"燕子花图屏风"以及作为浮世绘的创始人而闻名的菱川师宣(生年不详,1694年前后卒)的《美女回首图》是代表了这个时代的绘

美女回首图

画。与桃山时代相比，元禄时代的事物让人感觉具有不妨称为内在性的特色。可以说，那不是单纯地从权势者的文化变成了商人的文化，而是将与公共聚会的场合紧密相关的文化演变成了表现个人内在性的文化。

首先让我们对元禄文化的变迁进行概括。延宝八年（1680年），在德川纲吉（1646～1709年）就任第五代将军的那一年，松尾芭蕉（1658～1716年）进入深川的芭蕉庵。从这个时候起，芭蕉开始创作俳句。此外，在两年后的天和二年，井原西鹤（1642～1693年）的《好色一代男》刊行了。这是西鹤的浮世故事的最初作品，也是近世正式小说的出发点。在那两年之后的贞享元年，竹本义太夫（1651～1714年）在大阪开设了竹本座，上演了近松门左卫门在前一年创作的名为《世继曾我》净琉璃。之后，竹本和近松合作，不断地上演新的作品。

元禄元年（1688年），西鹤的《日本永代藏》刊行了，该作品生动地描绘了商人的生活，它与《世间如意算盘》同为代表西鹤最高成就的作品。

在元禄二年，芭蕉踏上了《幽径》的创作之路。元禄四年，幕府在江户的汤岛建立圣堂，表明了尊重儒学的方针。

元禄九年刊行的宫崎安贞（1623～1697年）的《农业全书》是近世代表性的农书。此外，关孝和（1637～1708年）在和算领域的活动等自然科学的发展也构成了这个时代的特色。

元禄十六年，近松门左卫门的《曾根崎殉难》上演了。这是以实际发生的殉难为题材润色而成的作品。之后，近松连续创作了被称为“助人的故事”的描写商人生活的作品。

宝永六年（1709年），德川纲吉去世，德川家宣成为第六代将军，新井白石担任辅佐。正德二年（1712年），德川家宣（1662～1712年）去世，其子德川家继（1709～1716年）以五岁幼龄担任将军，三年后去世。由此，第二代将军德川秀忠（1579～1632年）以来的血统断绝，于是分家的纪州家，即和歌山藩主德川吉宗（1684～1751年）作为第八代将军进入幕府（享保元年，即1716年），实行所谓享保改革。即便在享保年间，近松的活动仍在持续。一般来说，元禄文化并不仅限于元禄年间，而包括其前后的一段时期。

元禄文化的社会背景

如果说桃山文化具有强烈的表现“公共”组织(国家)的整体性的特征,而元禄文化表现的是“个人”的内在性,那么可以说这就意味着元禄文化是成熟的文化。在元禄时代,每个人对自己的生活方式进行思考,或者以自己的方式进行艺术创作,或者进行学术研究。不是依靠权力者,而是自己或者支持者具有相当的经济能力,在那样的背景下结出了文化的硕果。在文化走向成熟的同时,由于近世社会成立一百多年了,“公共”的事物和个人的“事物”,即政治权力和个人的生活方式之间产生了一种矛盾。这种对立关系具体来说,便是将军以及大名的权力增大,走向专制化。前文中曾经指出:日本原来是作为自治组织而发展起来的国家,但在已经形成的国家组织中理所当然地出现了与之相反的倾向。

原本是自发性的道德也逐渐带上了被外部强制的性质。第五代将军德川纲吉便是喜欢那样做的人,他在天和二年(1682 年)颁发的布告中有这样的内容:“励忠孝,夫妻兄弟亲戚和睦相处,怜爱应施及仆人。若有不忠不孝者应治以重罪。”在那之前,也曾经颁布过禁止基督教,或者禁止人身买卖的布告,但不曾将“忠孝”这些道德规范张贴在城镇和村落的路口,而且还通过刑罚来强制道德。这些反映了那个时代的一个侧面。

著名的赤穗事件(浅野内匠头的家丁在元禄十五年十二月袭击了吉良上野介的事件)是这种矛盾表面化的一个事例。这一事件后来被写成名为《假名手本忠臣藏》(1748 年)的剧本,该剧直到现在都很受欢迎。但想一想这次事件的性质,就会发现事实的真相并不是讨伐敌人。因为如果是吉良杀浅野的话,说那是讨伐敌人也说得过去,但事情并不是那样。是浅野先动手,因为浅野在殿中拔刀,之所以被命令切腹自尽,那是按照幕府的法规来处理的。与之不同的是,吉良没有还手,也就没有受到处罚。但是,从当时的观念来看,那有悖于“各打五十板”的原则。

“各打五十板”虽然不是幕府的法律,但当时人们相信那是天下的“大法”。那原本是在中世纪末期的自治组织中自然形成的一种作为惯例的法。因为在自治体中，不希望产生对立，所以在那种情况下形成了以双方都有责任的形式进行处理以防止产生对立的原则。即便在江户时代，社会上的人一般都认为那是解决纠纷的原则，即天下的“大法”。但是，幕府不承认那是法，从而基于幕府自身的法来进行判决，所以就产生了矛盾。原本赤穗浅野家的家丁大石内藏助等四十六人（一说四十七人）袭击吉良的住宅，杀死吉良上野介，那既不是为主君报仇，也不是基于忠义的行动，准确地说那是纠纷的持续，因为起始于主君的纠纷以失败告终，而且对方丝毫无损，那是一件不光彩的事情，所以要通过坚持与对方对峙，凭借自己的力量来实现“各打五十板”的法。我认为这才是事情的本质。也就是说，基于幕府的法进行判决这种政治方针与作为民间惯例的法的观念之间产生了矛盾。那正是“公共性”的事物和“个人”的事物的分裂。

说到无休止的争斗，很容易想到那是为无聊之事而送命。不过，认为死去的主君的不光彩的事同时也是家臣的不光彩的事，拼着命也要去维护名誉，那是《平家物语》以来的武士的精神，那种勇气大概也打动了一般庶民。这种行为与欧洲的中世纪的自力救济（在德语中为 Selbsthilfe），即用武力维护自己的名誉的做法有些相似。不过，因为没有行贿，所以被剑刺伤那种说法似乎是编造出来的，在当时可靠的史料中没有那样的记载，大石等也完全没有提及那样的事情。

接受儒学

“公共”事物和“个人”事物的对立关系在接受儒学的方式上也体现出来了。德川纲吉尊重学问，自己给大名以及旗本[①]讲授经书即儒学的古典，并在元禄四年（1691 年）在汤岛建立了祭祀孔子的圣堂，令林家第三代林凤冈（1644～1732 年）负责管理。当时幕府的命令中，叫任命“开基”。“开基”是对寺庙建成时第一代住持的称呼，从这一点便可得知幕府将那视为一种与寺院性质相近的事

① 译者注：旗本指江户时代将军直属的家臣。

物。实际上，那里有林家的私塾，圣坛还不是幕府的学校。

在那之前就林家在幕府的待遇来看，林罗山（1583～1675年）在庆长十年（1605年）为德川家康所用，人称从那时起儒学成为幕府的官学。常常有人认为儒学具有支撑幕府体制的功能，其实并不是那样。林罗山在幕府被人们以“道春”这一僧号相称，是被当作僧侣来看待的。那是室町时代以来的传统，室町幕府以五山的禅僧为政治上的顾问，常常在外交以及贸易方面征求他们的意见。那种传统被丰臣秀吉以及江户幕府继承下来了。完成了《本朝通鉴》的林家第二代林鹅峰（1618～1680年）以及第三代林凤冈也被人们以“春斋”、“春常”这样的僧号相称。在汤岛建成的时候，林凤冈才被允许蓄发穿上武士的服装，并被授予大学头的官职。可以说，从那个时候起，儒学者才开始在幕府享受与其他武士同等的待遇。

除了汤岛的圣堂，各地爱好学问的大名们也都建造了圣堂。佐贺县的多久圣堂建于1708年前后，现在依然在四月十八日（孔子的生日）和十月十八日举行名为“释菜”的祭祀孔子的仪式。但是，不论是多久圣堂还是汤岛圣堂，都是接受中国的儒学文化并将其具现出来的重要例证。但对一般人的生活以及思维方式究竟产生了多大的影响，则令人怀疑。那应该是类似于以将军纲吉为代表的爱好学术的上流社会的一种趣味，是接受儒学的一个侧面，就像统治者还具有建造房屋、举行仪式这些侧面一样。

在一般人中间，在整个十七世纪，儒学也得到了普及。例如，活跃于十七世纪前半期的中江藤树（1608～1648年）原本是四国的大洲藩的武士。他回到故乡近江的小川村，从二十七岁到四十一岁专心治学，建构起了独特的学问。他批判林罗山是“能说会道的鹦鹉”。那是说林罗山虽然是知识渊博的学者，但缺乏独创性，在实际生活中也没有将儒学精神加以运用，只不过是在口头上模仿。

中江藤树提倡“时处位”论。他认为人应有正确的行动方式，人并不是只要按照既定的礼法来行动就行了，自己的心态才是基本，只要心态纯正，那么自己就能够根据时候、场合、地位来判断怎样行动才符合道德规范。可以说，那是一种认为礼法无用的想法。不仅中江藤树，在近世的日本，一般来说人们所接受的不是儒学的礼法方面，而是精神方面。也就是说，那是作为心的教义被接受，因此谁都可以学习。

这一点在儒学的故乡中国是看不到的。一般来说，在中国，被称为士大夫的知识分子学习儒学参加科举考试，登科者成为官吏。而在普通人的生活中，占主导地位的不是儒学，而是道教。在十四世纪成立的李氏朝鲜也以儒学为国教，但学习儒学的基本上限于被称为“两班”的担任官吏的上流阶级。而且，在重视礼法方面，在中国和韩国都非常严格。将精神从礼法中分割开来，那是儒学在日本普及时的特色。

新艺术的创造

如果从外表上来看，芭蕉(1644～1694 年)的生活也可以算得上是隐居者的生活。但是，芭蕉本身绝没有想要创造出脱离现实社会的艺术。我们认为：他为了将作为适应新的现实，即江户时代或者近世这种新时代的艺术俳谐提升到与传统的和歌、连歌，或者利休的茶道、雪舟的画作等相同水准，摸索出了自己的道路。芭蕉在晚年说过“应高悟心归俗”。那是他的门生服部土芳(1657～1730 年)在名为《三册子》的小册子中记载的恩师语录。芭蕉一生致力于创作不脱离现实、精神境界高的艺术作品。

《好色一代男》插图

井原西鹤的《好色一代男》描写的是一名叫世之介的男子从七岁到六十岁与各种各样的女性交往的故事。这五十四年是很有意义的。平安时代的《源氏物语》由五十四贴构成。当时，只要是有一定程度的古典知识的人，从五十四这个数字马上便会联想到《源氏物语》。西鹤当初也考虑到了这一点。因此，《好色一代男》在当时被称为“俗源氏”。这里的“俗”不是低俗的意思，而是对以现实世界为舞台，创作了与古典最高峰《源氏物语》相提并论的文学作品进行赞美的说法。西鹤的小说在初期和晚期也有变化。国学家中村幸彦认为：初期的西鹤反复尝试着创作说奇（讲述珍奇的故事，如《好色一代男》、《好色五人女》等）、谈理（讲道理，进行劝诫，如《本朝二十不孝》、《武道传来记》）等各种各样的作品。在创作《日本永代藏》以及《世间如意算盘》的时候，他提出了"世人之心"，对社会真实的人的精神世界表示关注，而那正是晚年的西鹤所到达的境地。他因为有这样的经历，所以创作出了真正有深度的触及人生本质的小说。

近松门左卫门在名为《难波土产》的记录自己话语的书中说他的戏曲"某忧皆为义理"。常常有人认为悲伤的故事只要能写得催人泪下就行了，其实并不是那样。他自己立足于义理来写悲伤的故事。这里的义理是作为人必须具备的生活态度。那种态度并不是那么单纯，在各种各样的人际关系之中复杂地交织在一起，并在那里发生各种各样的悲剧。不是因为来自外部的偶然力量而陷入不幸的命运，有时是因为个人自身认为必须那样做的想法在各种各样的条件下产生复杂的问题。可以说，这正是与欧洲艺术中的悲剧概念性质相近的戏剧。

不论是在近松，还是在西鹤那里，"义理"这样的词意味着作为人的诚实，既然诚实，那么就必须遵守规定。因此，如果别人对自己坦诚相待的话，自己也必须对人坦诚。近松有名的净琉璃《心中天网岛》就描写了在大阪网岛发生的自杀事件，剧中有"女人之间的义理"这样的说法。曾根崎的妓女小春和有两个小孩的纸店老板治兵卫产生了感情。于是，治兵卫的妻子给小春写信，希望她与自己的丈夫分手。因此，小春对治兵卫变冷淡，随后被另一个有钱人赎身。治兵卫的妻子想：小春被迫与她所爱的人分手，一定会自杀，并因此而苦恼。就在那个时候，出现了"女人之间的义理"这样的话。对于遵守诺言的人，自己也必须以诚相待，这便是这种情况下的义理。这种义理是近似于个人伦理的观念。中村幸彦指出：元禄文化中有各种各样的人在活动，不过那里有一个共通项。例如，芭蕉说过"风雅之诚"，俳谐原本是一种游戏，而对芭蕉来说，那是表现人的心灵真实的艺术，因此他追求"风雅之诚"。另外，西鹤试图在"世人之心"的真实状况下发现人的真实，近松也说过"义理"。此外，对《万叶集》进行过研究的国学家契冲(1640～1701年)也说过“俗中之真”。那是在邀请朋友来听人讲授《万叶集》的信中的话。他在信中写道：因为世事是“俗中之俗”，而学问则是“俗中之真”，所以即便多少在世事上失约，也希望能来。“俗”和“真”原本是佛教用语，因为《万叶集》这样的艺术世界与佛教没有关系，所以是“俗”。契冲说与佛教相通的人性的真实在那里也被描绘出来了，自己只不过是想对那些进行阐述。

总而言之，当时人们用“俗”这样的词来表现新的现实，试图在新现实中寻求伦理，或者说有良心的生活方式。可以认为：元禄文化的一大特色是形成了出色的“俗”文化。

第十一章　儒学在日本的展开

朱子学的性质

佛教在传入日本之后，经历了很长的时期，逐渐作为适合日本人的生活宗教而实现了独特的发展，可以说儒学思想也经历了同样的情况。近世日本儒学的出发点是朱子学。朱子学是由十二世纪南宋的朱熹而集大成的学问，其基础是从北宋到南宋，即十世纪后半叶之后发展起来的宋学，在英语中被称为新儒学(neo-confucianism)。在当时，由孔子所开创的儒学已经经历了一千多年，即便对中国人来说，理解古典也变得困难了。此外，由于在那期间佛教传入，所以中国人的思考方式也在改变，因此兴起了新儒学思想。

朱子学主张通过理性来控制自己，也就是说以自己的理性的力量将自己的精神活动，特别是感情和意志的活动朝正确的方向引导，也就是知性主义。另外，每个人必须在道德上成为出色的人，也就是个人主义。这两点值得关注。而且，与持续到唐代的贵族政治不同，宋代开辟了一般庶民也可以通过科举考试成为高级官吏的道路，形成了社会平等的风潮，那是朱子学出现的时代背景。基于那样的平等主义，朱子主张通过古典中平易的"四书"来学习儒学，在此基础上再学习真正的"五经"的学问，那才是治学的顺序。"五经"是指儒学的古典《易》、《书》、《诗》、《春秋》、《礼记》，而"四书"是指《大学》、《中庸》、《论语》、《孟子》。《大学》和《中庸》

原本是《礼记》中的篇章，对道德理论的论述十分精辟。《论语》则汇集了孔子的言论，与《孟子》一样比较容易理解。

朱子学的理论基础在对《大学》的解释中体现出来了。《大学》的开头有："大学之道在明明德，在新民，在止于至善。""明明德"是力图使人心所具有明显的德即人的德性或者道德方面的能力真正明显发挥作用。"新民"是指人上人如果加深道德修养，成为出色的人物，那么自然就会对很多人产生影响，使人心为之一新。也就是说，其他人也会成为道德高尚的人，整个社会因此进入理想的状态。为了保持那种理想的状态，要"止于至善"，这便是《大学》中所提倡的理想目标。

对实现这一目标的方法，朱熹是这样论述的："古之欲明明德于天下者先治其国，欲治其国者先齐其家，欲齐其家者先修其身。"这便是"修身齐家治国平天下"。如果能修身，自然能齐家；能齐家，自然能治国；如果国家治理得好，整个天下就太平了。因此，那是将个人的道德修养视为所有事物的根本。作为修养的过程，有"正心、诚意、格物、致知"，其中"致知在于格物"是根本。"致知"是指使自己心中所具有的知性能力充分发挥出来。作为其手段的"格物"是指人的每一种社会行动都是"物"，在"物"当中又有正确的"物"的状态，也就是作为人的正确行动方式，即"理"。通过体验来理解"理"便是"格物"，朱熹说那是"穷理"。"理"既是每个"物"的"理"，也是"天理"，即支配整个自然界、人类社会的原理，同时还是人心的本性。因此，如果彻底追究"理"的话，那么"天理"便成为自己的东西，因此自己就能自主地判断在社会上应该如何行动。

虽然在理论上是那样，但在生活中进行实践的时候，会遇到各种各样的矛盾。特别是朱子学的知性主义、个人主义的性质中有与日本人的精神风貌不一致的方面。因此，在日本，从十七世纪中叶起，对朱子学的批判逐渐出现了。不过，我认为朱子学本身的有效性并没有被否定。可以看出，朱子学具有被江户时代的日本社会所接受的可能性。在前一章中论述的中江藤树的"时处位"论大概就是恰当的例子。不过，中江藤树虽然对朱子学所说的理想，即成为进行自主判断并采取正确行动的人的观点表示了共鸣，但对到达那种境界的修养方法，即"格物"却没有具体表示关注。虽然朱子学的"格物"是具体实践礼法的做法，但结果是，晚年的中江藤树向阳明学倾斜。

在朱子学当中，有"人应皆为尧舜"的说法。尧、舜是在中国古代最初出现的圣人。如果是人，谁都可以成为尧舜；如果能"明德"的话，便能成为与尧舜相同水准的道德上的完人。那是一种平等主义的主张。近世的日本社会虽然分为武士、农民、商人的等级，但在那以前时代的自治组织中培养的平等意识一直是存在的。因此，如果说基于人的平等性来思考个人的自主生活方式是朱子学的一大特色的话，那么可以认为在日本存在着接受朱子学的可能性。

朱子学在日本普及的另一个理由是，在当时的中国（明、清），朱子学被尊为官学。所谓官学是指成为任命官吏的考试（科举）标准的学问，因此知识分子都学习朱子学。另外，朱子学在朝鲜也同样是官学。因此在教育方面朱子学对日本产生了较大的影响。

在十八世纪的后半叶，许多藩创设了学校（藩校），幕府也在汤岛圣堂开设了昌平学问所。在那之前不久的宽政二年（1790 年），幕府发出了"异学之禁"令，规定不能在圣堂传授朱子学以外的学问。那被说成是对学问以及思想的压制，但实际上并不是那样。为了建设学校，首先必须统一教学内容。朱熹的注释明了，易于被初学者理解，因而被选为教材。圣堂是在那个时候才成为幕府的学校的，朱子学通过学校教育得到了普及。

古学的成立

如上所述，朱子学被日本社会所接受具有相当重要的意义，但同时也有学者意识到照搬朱子学会产生各种弊端，因而出现了对其进行批判的运动，那便是古学。古学是对山鹿素行的"圣学"、伊藤仁斋的"古义学"、荻生徂徕的"古文辞学"这三者的总称，那些是站在各自立场上倡导的学问，并没有形成一个系统。三者的共通点是主张应该舍弃对儒学古典的所有注释，回归到古典原文，对原文进行仔细的解读。但是，不凭借注释来阅读公元前五世纪到公元前三世纪前后撰写的书籍，即便对中国人来说都是一件非常困难的事情。实际上，在中国，在十八世纪以后，清朝考证学发达，在舍弃朱子学的新注这一点上，那与日本的古学是同样的。不过，不直接解读原文，而是研究汉代（公元前二世纪至公元二世纪前后）撰写古注的做法是清代学者治学的主流。中国人尚且如此，日本人不借助注释来解读儒学古典就更加困难了。我认为山鹿素行、伊藤仁斋、荻生徂徕虽然取得了相应的学术成就，不过他们的解释稍微有些偏离了古典本来的意思。但是，另一方面，因为那是切合日本人实际生活的儒学思想，所以在日本思想史以及文化史上具有重大的意义。

山鹿素行（1622～1686 年）曾在赤穗的浅野家供职，作为兵学家也颇有名气。他站在兵学家的立场上认为如果只关注自己内在精神世界来进行道德修养，对武士的实际社会生活起不了什么作用。他在宽文二至三年（1662～1663 年）前后，形成了“圣学”（指古代圣人的学问）的思想。山鹿素行将在朱子学中意味着道德知性的“知”这个词解释为理解事物，那与现代语的“知识”意思基本上相同，是指对事物进行客观认识。可以说，这种认知构成了社会科学的出发点，总之它汇集了关于军事、武士生活的知识，并试图通过那种做法来具体传授作为武士的社会活动。他的著作《武家事纪》可以说是武士的百科全书。

无独有偶，与山鹿素行大致在同一时期实现了向新思想转变的伊藤仁斋（1627～1705 年）出身于京都的商人家庭。他在著作《童子问》中说：“人外无道，道外无人”，“俗外无道，道外无俗”。“俗”是指现实的社会，而道并不是存在于与个人的社会生活无关的地方。但是，在朱子学中，首先考虑到整个人类，也就是说是以抽象的个人为根本，所以一方面有普通主义的优势，但另一方面也容易产生自以为是的倾向。例如，“公”在朱子学是重要的概念，但伊藤仁斋却说“公”不好。因为如果基于自己的想法来判断“公平”、“公正”等，并试图将之推及整个社会，就会有将划一的想法强加于人的危险性。伊藤仁斋指出《论语》中没有“公”那个字，并对明确区分善、恶，说别人做了恶事而加以谴责的想法进行了批判。他在《童子问》中认为，“隐恶扬善、成人之美、不成人之恶”这样的宽容的精神才是孔子的教义，“仁”即爱心才是道德的重点。

荻生徂徕(1666～1728 年)出身于武士家庭,曾经在柳泽吉保(1658～1714 年)手下任职,《答问书》是他的著作之一,那是针对庄内藩(今山形县鹤冈市)的家老所提出的问题进行解答的书信集,内容通俗易懂。荻生徂徕在该书信集中认为"仁"就是成为民之父母,并指出:"父母首先应该懂得一家之主之事。说起卑贱民家之主,其家中有凶狠的老母、无所事事的妻子、稀里糊涂的太郎、顽皮捣蛋的老三、未经世故的媳妇。另外,持续几代的仆人中有人因为年事已高而派不上用场,也有靠着自幼在主人家长大而不听使唤的年轻仆人。家中乱七八糟,欲正是非却无从着手,令人愕然。然而,因为家中眷属是天所授之人,不宜驱逐,故其家之主为了与家人生活,不顾烈日雨雪,耕田除草,勤于苦业,不顾受人蔑视之耻辱,耐心照料家中度日。"那是说:处于他人之上的人应该像这种农家之长一样,不能将底下人限定在一定的模子里。

荻生徂徕另外还著有汉文著作《辩名》一书,他在书中指出人有相爱相助之心,也就是说人是社会性存在,谁都具有各自的才能。在这样的基础上,他认为中国古代的圣人(先王)以"道"来治理天下,使人们能够发挥本性。"因先王有人皆相爱相养相辅相成之心、运用营为之才,故立此道,使天下后世行之,各终其寿。"徂徕说那是"礼乐刑政"。在这里所说的礼乐刑政是指整个国家的政治体制。说那是"道",大概是因为在国家制度上,共同性的原理得到了实现。总之,徂徕认为如果国家制度合理的话,人们便能在其中发挥各自的能力以及个性,相亲相助地生活,所以不需要像朱子学那样的道理。

伊藤仁斋和荻生徂徕的思想性质虽然不同,但在不喜欢划一的想法这一点上是共同的。人们认为在日本社会比较容易产生划一性的弊端,而在伊藤仁斋以及荻生徂徕所生活的时代,那种弊端就已经出现了。这是与现代日本相关的问题。我认为他们两人从各自的立场对朱子学进行了批判,认为它助长了划一性的思想。

第十二章　国学和洋学

国学的成立

国学和洋学是在江户时代中期以后发展起来的新学问。

国学是关于日本古典的学问，具有对日本人的生活方式以及日本的社会状态进行思考的一种精神运动的性质。关于日本古典的学问，在整个中世纪，是以贵族社会为中心在传承，但贵族社会将知识作为秘传，不允许公开。到了江户时代，批判秘传的风潮高涨，此外又因为北村季吟出版了《源氏物语》的注释集《湖月抄》等书，使得古典变得容易接近了。后来在元禄时代又出现了契冲，他留下了《万叶集》的注释《万叶代匠记》等严谨、有独创性的研究成果。那些成果即便在今天也受到很高的评价。

在契冲之后出现的荷田春满(1669～1736年)、贺茂真渊(1697～1769年)、本居宣长(1730～1801年)、平田笃胤(1776～1843年)四人被称为“四大国学家”。那是由平田派学者提出的，契冲没有包括在内，那大概是因为国学中原本就存在排斥佛教的想法，而契冲是僧人，此外契冲也缺乏思想方面的论述。不过，契冲对本居宣长的学问产生过很大的影响。

荷田春满出身于伏见稻荷神社的神官家庭，曾就设立传授国学学校事宜向幕府提呈过意见书，在社会活动方面广为人知，不过在学术上不及契冲。

贺茂真渊出身于滨松的神官家庭。他主要研究《万叶集》，对在《万叶集》中古人的“高贵纯粹之心”表示敬仰。另外，他还是一名诗人，自己也留下了许多出色的和歌。除了《万叶集》等关于文学以及语言的著作之外，贺茂真渊还撰写过对政治思想以及道德思想进行论述的《国意考》(指对国家的精神进行思考)。他在该书中指出：“凡物稍与理相关则如死，与天地同行，事自生，成动之物。”能用道理解释清楚的是“死的事物”。也就是说，他主张理论性论述并不能够把握真正有生命的人类世界的现实。“皇国之古道随天地，圆且平，人难以言表，后人难知。”古代日本人自然而然地生活，因为圆形和平坦的自然的姿态无法用语言来表达，因此难以传承给后人。于是，他认为虽然儒学家说日本古代没有“道”，但实际上有过那样的“道”，只是不为人知而已。

进而，贺茂真渊对儒学进行了以下批判：说是通过学习儒学，可以人心贤明，尊敬天皇，但天下的政治由臣下随心所欲地掌控着，最终将天皇流放到岛屿上。那是指在承久之乱(1221 年)之后，武士政权镰仓幕府将后鸟羽天皇流放到隐岐等岛屿。虽然如此，他对实施武士政治的江户幕府并没有采取批判性态度，而是对武士的“男子汉大丈夫气概”表示赞赏。实际上，贺茂真渊在田安宗武(德川吉宗的次子，是三卿之一田安家的第一代国学家、诗人)手下供职，指导学问、和歌。他认为现实的江户幕府的状态与以天皇为中心的古代国家的状态并不矛盾，是古代日本出现了变化。至于从飞鸟时代、奈良时代到平安时代的变迁，贺茂真渊指出：“大和之国乃丈夫国，古时女亦仿丈夫。故《万叶集》之歌大凡丈夫之作也。山背之国，柔弱女之国，丈夫亦仿柔弱女。彼《古今集》之歌尽弱女之姿也。”(《新学》)关于江户幕府，他认为：“东照宫(德川家康)不依异国，不依中顷之皇朝，定四方之格局、京大阪之格局、诸大名御家人之规矩等，神及圣人皆无穷之心也。此乃古之神道之大体。无只见小事之异而知大意之人。”(《学之辨》)主张应该将此作为再现了古代精神的事物给予评价。在贺茂真渊看来，没有受到外来影响的，也不依存于平安时代以后王朝的中国式制度，独自建设起来的近世国家(江户幕府)制度与日本古代的传统是相符合的。可以说，这一观点与采取批判划一的合理主义立场即伊藤仁斋、荻生徂徕的立场是共通的，同时也是那种观点更彻底的表现。

本居宣长的学问和思想

本居宣长出身于伊势松阪的商人家庭，在游学京都之后，一边在松阪开设小儿科，一边研究《古事记》。他所撰写的《古事记传》即便在今天对研究《古事记》的人来说也是入门书。可以说，作为实证地研究古典学问——国学的方法，从契冲到本居宣长基本上完善了。

本居宣长还留下了许多关于平安时代文学作品的研究成果，重视“幽情”是他的文学论的特色。他认为文学表现的是幽情即人的感受，不能以道德等作为基准来评价作品。这种主张在明确了文学的自律性这一点上很有见地。这作为关于和歌以及物语的一般说法是正确的，但以表现“幽情”来说明《源氏物语》那些写实性作品则有些牵强。

本居宣长学问的核心是关于《古事记》的研究，基于那样的研究成果来倡导“神之道”是他的思想特色。他在《古事记传》的总论以及《直毗灵》、《玉串》等著作中对“神之道”进行了说明。他认为那是由伊奘诺、伊奘冉两神所“开创”、由天照大神所继承的“道”。换言之，因为那是与日本国土的形成同时开始的“道”，所以可以说那是日本的国家成立原理。具体来说，就是天皇统治的国家原则，不过那未必意味着天皇直接执政。随着时代的变迁，政治制度会发生变化，但是那些变化都是“神的意图”。因此，关于江户时代的现实，“首先因为天照大神的安排、朝廷的任命，由东照神御祖（德川家康）以来的大将军家统治天下。其政又由大名分别实施，其领内的民众完全不是私民，国家也不是个人的国家”（《玉串》），他以委任和实施这样的观念来说明政治秩序，并以此来劝导大名及其家臣为了所管辖的民众，在执政时不能存有“私心”。他还说，在古代的理想时代，人们以“天皇之大御心为心”，没有“私心”，因此各自发挥自己的社会作用，能过上平稳的生活（《直毗灵》）。“以大御心为心”并不是指服从天皇的意图，天皇也是“以神之御心为大御心”进行统治，所以天皇没有私心，而且正如神在无法判断时也会通过占卦向上级神请示那样，丝毫没有私心(《古事记传》)。也就是说，理想社会是从众神到大名的家丁，以及民众都没有"私心"，那是与神之道相符合的。

在本居宣长生活的十八世纪后半叶，近世国家体制已经呈现出各种各样的矛盾。上述《玉串》可以说是原理性论述。除此以外，本居宣长还对现实社会问题发表过意见。他的《秘本玉串》原本是提呈给纪州藩(松阪是纪州德川家的领地)的时局论。本居宣长在该文中就农民起义问题指出："想来，此事不是由下面的错误，而都是由上面的错误造成的。农民、商人之心虽有不是，但如果不到忍无可忍的地步，也不会发生这种事件。"他认为责任在为政者身上。本居宣长不是主张通过政治改革来消除这种社会弊端，而是从精神方面告诫执政者不能有"私心"来改变社会。这便是本居宣长的"神之道"的教义。

洋学的发展

洋学是西洋的学问，一开始是以由荷兰传入的"兰学"为中心。在幕府末期，人们开始学习英、法、德等国的语言和学问，那在广义上被称为洋学。从元禄时代起，在自然科学各个领域得到了发展，特别是与初期的兰学关系密切的医学。在医学领域，在兰学传入之前，就有人对中医抱有疑问，基于注重实证性的立场，形成了古医方①的观点(中医的主流在中国是后世方，而在日本则是古医方)。不过，古医方主要依据汉代撰写的《伤寒论》这一古书，不得不说那作为医学理论有些冒险。因为古医方提倡"亲验实试"，重视试验的手法，理所当然对人的内脏构造等具体问题表示关注。山胁东洋(1705～1762 年)便是那样一名医生。他在宝历四年(1754 年)在京都看解剖死囚，后来撰写了《藏志》一书。

在那之后的明和八年(1771 年)，杉田玄白(1733～1817 年)、

---

① 普通的中医被称为后世方，又被称为李朱医学，那是在中国的金、元代，由李东垣和朱丹溪形成体系。

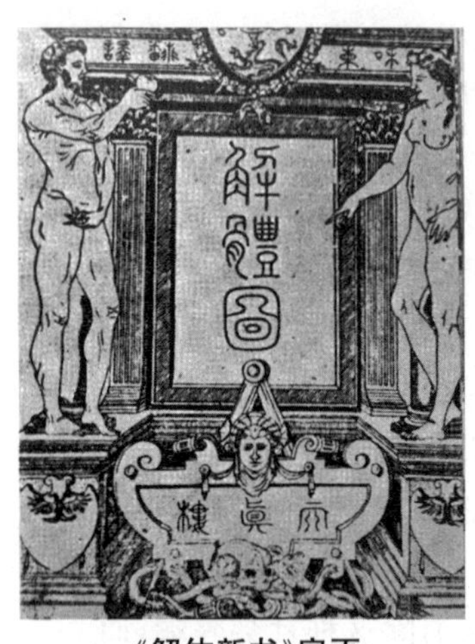

《解体新书》扉页

前野良泽(1723～1803年)等在江户小塚原现场观看解剖死囚的尸体,因见荷兰语的解剖书《解剖学》[1]中的图比起中医的内脏图要准确得多而感到惊叹,于是将其翻译成日文,在三年后以《解体新书》之名出版。在这一时期,荷兰语翻译还在江户开设了荷兰语讲座。在十八世纪初,德川吉宗为了振兴产业,曾经鼓励学习荷兰语,使荷兰语知识不断得到普及。但是,翻译是一种很艰难的事业,这一点从杉田玄白的《兰学事始》中可以详细得知。但是,自那以后,由于得到了幕府以及各藩的鼓励,兰学不断得到发展。

即便在兰学以外的领域,在引进兰学之前,关于自然界的实证研究就以各种各样的形式得到了发展,本草学便是其中之一。本草是指中医所必需的药材,因为药材是以植物为主,所以被称为本草,其实也包括动物和矿物。在中国,对本草的研究自古就很发达,特别是明代李时珍撰写的《本草纲目》(1590年)对日本产生了极大的影响。而近世的初期,药材多是从长崎进口的。为了实现药材的自给,人们对植物进行了调查,还尝试了栽培人参,本草学也因此逐渐发达。到了十六世纪,不仅药用,随着各种产业的发达,作为资源的动植物以及矿物也引起了人们的关注。杉田玄白的朋友平贺源内(1728～1779年)是这个时期的本草学者之一,他虽然不懂荷兰语,却发挥出色的才干,用石棉制作了耐火布,并模仿制造了摩擦起电器,使人们为之震撼。那之后的本草学被称为矿物学,在吸收兰学知识的同时不断发展,形成了明治以后物产开发学问的基础。

① 译者注:该书为德国人库卢穆斯(Kulumus J. A.)的解剖学著作 *Anatomische Tabellen* 的荷兰文译本。

学问在民间的普及

到了江户时代的后半期，随着教育的普及，许多人都在学习国学和洋学。以寺子屋的教育作为基础，在各地设立了以汉学（儒学）为中心的各种私塾，学问通过藩校得以普及，是这个时代所特有的现象。同时各地也设立了兰学的私塾，其中特别有名的是绪方洪庵（1810～1863年）的“适塾”（正式名称为“适适斋塾”，适适斋是绪方洪庵的号）。

寺子屋

适塾位于大阪的船场（现在属于大阪大学医学院，建筑基本上保持原状），附近是华冈青洲（1760～1835年）门人的私塾。有一种观点认为：随着兰学的普及，中医已经没有必要了。而曾经求学于适塾的福泽谕吉（1834～1901年）也在他的自传中写道：“在华冈塾学习过的医生在用带有两千年流毒的《伤寒论》杀人。”所以人们很容易认为适塾与华冈塾处于对立的关系，但事实并不是那样。

例如，在解剖方面西医占据优势，但仅仅靠解剖学无法进行实际的治疗。在这样的意义上，中医并没有被抛弃，华冈青洲在文化元年（1804年）为了进行乳癌手术，开发了麻醉技术，这在当时留下了划时代的业绩。田崎哲郎通过对适塾和华冈塾双方的门人名簿进行调查，发现福井藩的医生、幕府末期的志士桥本左内（1834～1859年）在适塾学习了兰学之后，又到华冈塾去学习中医，另外也有相反的事例。像这样从一方转到另一方，学习双方学问的事例相当多。

此外，田崎还阐明了这样一个事实，那就是：农民的次子、三子去江户以及大阪，在私塾里学习，成为医生回到地方上开业的人一直在增加。在嘉永二年（1849年）接种牛痘的方法传入日本，并很快普及。虽然是因为人们非常害怕天然痘，但如果不是因为教育的普及，各地有许多医生，那恐怕也不容易实现。

第十三章　明治维新中的尊重公论的理念

作为国家意识的尊王攘夷

在从文化史的角度来看待明治维新这一政治变革的时候，最关键的问题是实施变革的政治理念。作为明治维新的政治运动指导理念，“尊王攘夷”广为人知。与此同等重要的还包括尊重公论众议的理念，那也值得关注。当然，尊王攘夷和公论众议并不是完全不同的理念。尊王攘夷那样的理念因为成了一般人共通的意见即公论或者舆论，所以具有那么大的影响力。

尊王攘夷这一说法是在十九世纪才出现的。“尊王”指尊重天皇，那是试图强化以传统的君主天皇为中心的国家的统一性的思想表现。此外，“攘夷”指防止来自外国的侵略，保持国家的独立性。虽然“尊王攘夷”给人以陈旧的印象，但作为一种理念，可以说那是存在于任何国家的国家意识的一种体现。追溯到过去，这种国家意识在近世初期就已经存在。例如，因为“中国”这一称呼基于中华思想，具有藐视周边国家的意思，因此山崎闇斋（1618～1682 年）、山鹿素行等十七世纪的儒学家主张日本人将明朝、清朝称为中国是不恰当的，对日本人来说，日本才是“中国”，日本针对中国应该采取对等的立场。那种观点走向极端，便出现了像本居宣长那样，认为日本才是中心，而中国是“西戎”即野蛮国家的观点。

所谓锁国也可以视为是那种国家意识的一种体现。锁国在第三代将军德川家光(1604～1651 年)的宽永年间开始实施。不过,当时锁国的意识并不明确,也没有"锁国"这一说法。只不过是为了防止基督教的传教,禁止葡萄牙人来航以及禁止日本人出境。

元禄三年(1690 年),德国医生恩格尔伯特·肯普费(Engelbert Kaempfer,1651～1716 年)来到长崎,在滞留的两年中实施调查,回国后撰写了《日本志》。肯普费在该书中指出:日本因为锁国,所以国内和平,产业发达,这种政策是平和妥当的。长崎的荷兰语翻译志筑忠雄(1760～1806 年)在享和元年(1801 年)翻译了其中一部分,并加上了《锁国论》的标题。该书对于锁国没有加以否定,而是进行了称赞。人们从那个时候开始使用"锁国"一词,"锁国"的观念也在那前后普及开来了。而作为政府的幕府正式采取锁国的方针,是在宽政改革的时候。宽政三年(1791 年),俄国使节拉克斯曼来到室根,要求开国。老中首席的松本定信在谕书中表明:"以往无通信之异国之船来日本时,于海上驱逐乃古来之国法。"而在那以前的幕府的法中没有那样的规定。因为当时宣布那是国法,所以就成了国家的制度。"通信"是外交的意思,有外交关系的国家具体指朝鲜和琉球两国;此外,承认与荷兰和中国(清朝)的通商;对于没有外交关系的国家则关闭国门。谕书对这些正式进行了承认。这种"锁国"观念明确化了的十八世纪末到十九世纪初,正是西洋新势力向东亚扩张、人们意识到日本的独立受到威胁的时期。

当时,英国等国的捕鲸船在北太平洋活动,有时为了获取食物、燃料、淡水而靠近日本海岸。另外,在北方,俄国人也从西伯利亚向虾夷地(今北海道)接近。在那样的状况下,幕府在文政八年(1825 年)下达了"异国船只驱逐令",命令当有外国船只靠近日本海岸的时候,不论他们提出什么理由,都必须驱逐。但是,幕府并不认为日本方面真正具有能驱赶外国船只的实力,而只是基于乐观的估计,即如果日本表示出严厉的态度的话,一般的捕鲸船大概不敢靠近,因而发布了那样的命令。实际上,在那以后,特别是在中国(清朝)发生了鸦片战争(1840～1842 年)之后,日本又发布了可以供应柴火以及淡水的法令,将驱逐令放宽了。

尊王攘夷思想的形成

将国家意识理论化的"尊王攘夷"思想在这种状况下得以形成,而水户学便是这种思想的代表。水户藩的学问从德川光圀(1628～1700年)开始编纂《大日本史》以来一直持续着。初期的水户藩以当时比较普遍的朱子学为基础,但在进入十九世纪以后,开始拥有独特的主张,因而被称为水户学。会泽正志斋(1782～1863年)的《新论》(文政八年,即1825年)是水户学中的名著。《新论》由七篇构成,最初的"国体"篇对国家状态的一般理论进行了论述,接下来的各篇则对世界形势以及对应方法进行了论述。在"国体"篇的开头,会泽指出:"以帝王之恃保四海,长治久安,天下不动摇者非谓令万民敬服,把持一世。亿兆一心,皆亲密不忍离,此诚可恃也。""亿兆"指人民,不是以权力来威压他们,而是让人民齐心协力自发地从基层支撑国家。如果不那样的话,就不能实现和平安定的社会,那样做才是正确的政治。具体来说,该书的主要目的首先是通过天皇的祭神仪式,在精神上将国民统合起来,以当年发布"异国船只驱逐令"为契机,让人们认识到国际关系的紧张状态,在国民之间提高保卫国家的意识。该《新论》首先被提呈给水户藩主,水户藩主曾试图将其上报将军,但没有实现。结果是以抄本的形式在民间流传,在社会上产生了相当大的影响。

后来,水户藩设立了名为弘道馆的学校,并在天保九年(1838年,三年后开馆)撰写了表明设立精神的《弘道馆记》。那是以当时的藩主德川齐昭(1800～1860年)的名义发布的,但实际上出自藤田东湖(1806～1855年)之手。文中最初使用了"尊王攘夷"这一熟语,而这一熟语在中国的文献中并不存在。在《弘道馆记》中"尊王攘夷"是以歌颂德川家康的政治功绩的意思来使用的。它表达的是德川家康治理乱世、实现和平社会、尊重朝廷、排除夷狄(天主教徒)的功绩,所以不妨认为它所表现的是幕府的应有姿态,或者说将军的使命。

公论和江户幕府

嘉永六年(1853年),美国使节培里(Matthew Calbraith Perry,1794～1858年)抵达浦贺,携带美国总统的国书,要求日本开放国门。当时的老中幕府首席阿部正弘(1819～1857年)没有只凭幕府的想法做出决定,而是征求了诸大名、幕府的旗本以及御家人的意见,这是没有先例的做法。后来那被批判为招致了削弱幕府权力的结果,或者说给大名们干预幕府政治提供了契机。但是,在当时的记录中,没有人说那种做法很特别,或者说幕府做出了离奇的事情,因此当时以大名为代表的许多人将此作为理所当然的事情来看待。就关系到国家独立的重大问题广泛征求意见,大概会被视为自然的事情。即便不是这样的问题,就像关于物价飞涨等各种各样的问题,武士以及庶民以上书的形式提出意见,在以前就很普遍。其中内容出色的上书还以抄本的形式流传。

培里舰队

针对培里的要求,大名提出的意见书大约有六十封,其中主张开国的有二十二封,认为不宜屈服于外国的要求开国,但应该回避战争事态的有十八封,主张必须保持锁国体制的有十九封。这样一来,开国论和回避战争论加起来共有四十封,可知许多大名所持的意见是希望回避战争,在不得已的情况下可以开国。在这样的背景下,幕府在第二年(安政元年,即1854年)签署了《日美和亲条约》,决定给美国的船只提供燃料以及食品,开放下关、函馆等处的口岸。进而在不久后又接受了俄、英、法、荷等国的要求,与那些国家签署了和亲条约。此外,在当时,朝廷也赞成幕府的方针,而没有出现任何问题。阿部正弘听取众多的意见,是对公论的尊重,因为那样的缘故,幕府的政策得到了舆论的支持,不但没有削弱,反而强化了中央政权幕府的权力。

问题发生在下一阶段。美国总领事哈里斯(Townsend Harris，1804～1878年)基于《日美和亲条约》到下田赴任后，进而向日本方面提出了缔结通商条约的要求。因为在安政三年(1856年)发生的亚罗战争(第二次鸦片战争)的消息传到日本，幕府内部认为通商条约的缔结难以避免。但这次幕府没有自行决定，而是请朝廷批准，在阿部正弘去世之后担任老中的堀田正睦(1810～1864年)在安政五年为了得到天皇(1831～1866年生卒，1847～1866年在位)的许可而前往京都。以孝明天皇为中心的朝廷没有发布敕许，堀田正睦空手而归。在那之后不久，近江彦根藩主井伊直弼(1815～1860年)成为幕府的大老。大老一般是名誉职位，而此时的井伊大老却掌握了政治上的实权，擅自在同年缔结了《日美修好通商条约》。

这一做法使得幕府的处境十分艰难。在没有得到朝廷敕许的情况下就缔结条约，违反了"尊王"的精神。此外，幕府轻易屈服于美国的压力，又违反了"攘夷"的精神。因此，幕府使自己陷入了受到"尊王攘夷"——那原本是支撑幕府的理念——的舆论攻击的处境。

同样是在安政五年，孝明天皇向水户藩发出密敕，表明这次幕府的处置不可理解，希望了解"众议"，即各大名是如何考虑的。在那之前，有从朝廷到幕府，再由幕府到大名的命令系统，而这一密敕则完全无视了幕府的立场。因此，井伊大老对参与密敕的贵族以及水户藩士等视为反幕府的政治运动家进行了严厉的处罚(安政大狱)。由此导致了对井伊大老的不满高涨，最终万延元年(1860年)三月大老在樱田门外被脱离了水户藩的浪士行刺身亡。陈述行刺旨趣的《斩奸状》中写道："洞察大老井伊扫部头[①]之所为，乘将军家幼小之机，为显示自己之权威，于公论正义无所忌惮……奸曲无所不至，岂非天下之巨贼哉！"在那里，无视公论被当作重要的罪状。

在那以后，由于幕府没有自信坚持自己的意见，所以并未采取

① 译者注：大老、扫部头皆为当时的官职。

强硬的政策，而是转向与朝廷以及诸大名融合的政策。这便是所谓的“公武合体”政策。幕府试图通过尊重公论众议的方式来重新树立幕府的威信。

从公议政体论到议会政治

在那以后，发生了各种各样的政治事件。对此，各方面都提出了公议政体的构想。在幕府方面提出这一想法是大久保忠宽（一翁，1817～1888 年），他在文久二年（1862 年）提出了“公议所”的构想。“公议所”由大公议会和小公议会构成，大公议会相当于国会，小公议会相当于地方议会，他希望以此来创建新的国家制度。除此以外，还出现了各种形式的公议政体论。那一方面是因为欧洲以及美国的议会政治的知识传入日本的缘故，但是外来制度这么快就被接受，这在世界上都是罕见的现象。我们不得不认为：正因为具有尊重公论众议的政治传统，所以对西洋的议会政治比较容易理解。

后来，在十五代将军德川庆喜（1837～1913 年）的时候，通过庆应三年（1867 年）的大政奉还，结束了江户幕府政治。不过，大政奉还还是基于公议政体论。德川庆喜似乎认为在大政奉还之后，日本的政治成为一种公议政体，而德川家族也能作为其中的一员继续保持政治上的发言权。但是，萨摩藩以及长州藩的倒幕势力认为：如果德川家族的权力残存的话，只得进行不希望看到的不彻底的改革。因此，他们策划起兵讨伐幕府，德川家族的势力最终被排除，明治政府得以成立。

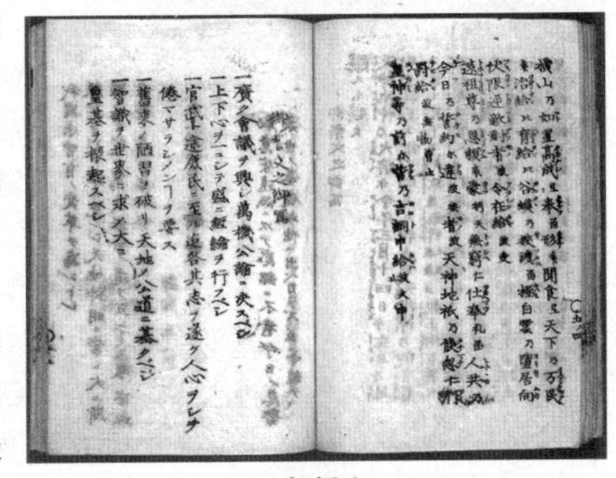

一廣ク會議ヲ興シ萬機公論ニ決スヘシ
一上下心ヲ一ニシテ盛ニ經綸ヲ行フヘシ
一官武一途庶民ニ至ル迄各其志ヲ遂ケ人心ヲシテ倦マサラシメン事ヲ要ス
一舊來ノ陋習ヲ破リ天地ノ公道ニ基クヘシ
一智識ヲ世界ニ求メ大ニ皇基ヲ振起スヘシ

五条誓文

新政府已经不能无视尊重公论众议的思想。更准确地说，新政府通过对公论众议表示尊重向民众表明他们是真正的新政府。明治元年（1868 年），天皇在京都以向神发誓的形式向天下公布了新政府方针《五条誓文》，其中第一条是“广兴会议，万机应决于公论”，主张通过会议、基于公众意见来解决所有政治问题，那正是议会政治的构想。但是，也有意见认为，因为在原案之一（由土佐藩士福冈孝弟起草）中，“广兴会议”被表述为“列侯会议”，而这里所说的会议只不过指大名会议，并不是主张将一般人民的意见反映到政治上，所以不能对《五条誓文》给予过高的评价。但是，即便是列侯会议，因为大名的身份与欧洲的贵族不同，大名的意义在于他只不过是藩的代表者。即便设立列侯会议，那并非只反映大名这种特定身份的人的意见，而是通过大名来反映整个藩的意见，所以那并不是异端的思想。此外，因为改成了“广为”，所以该构想本身也发生了变化。

在那之后，《五条誓文》的第一条成了自由民权运动发展，进而实现议会政治过程中的理论根据。因此，如果采取与之相反的方针，则有可能招致反对。例如，大久保利通（1830～1878 年）在西南战争的第二年遭到了暗杀，而刺客在旨趣书中就说大久保“杜绝公议”，对大久保的独裁政治进行了批判。

伊藤博文像

明治二十二年（1889 年），政府颁布了《大日本国宪法》（明治宪法）。就制定宪法的过程来看，伊藤博文（1841～1909 年）等在明治十五年为了制定宪法而赴欧洲考察，主要访问了德国、奥地利，并在柏林、维也纳等地听取了学者们的意见。此外，他们还谒见了德国皇帝威廉一世，接受了他的忠告。他们的意见是不要让国会有太大的权限，君主必须掌握强大的权力。人们常说明治宪法是模仿了以德意志帝国为中心的普鲁士宪法，而实际上伊藤博文反对上述意见，在那之后审议宪法草案的时候，保持了“虽说已经是宪法政治，但限制君主权具有明显的意义”这样的想法。从这一点来看，明治宪法绝不是全面追随德国的宪法。

在颁布宪法的第二年，召开了最初的国会。因为宪法以及国会是从西洋引进的制度，所以当时的有识之士也都担心那是否能够顺利实施。对此，福泽谕吉撰写了《国会的前途》（明治二十五年），主张“因为日本有地方自治的传统，所以不用担心”，因为议会政治是一种国家自治。这样看来，公论的理念从明治维新到明治宪法的制定，以各种形式发挥了重要作用。

第十四章　近代日本的西洋化和传统

近代化和武士社会的传统

日本在明治维新以后，正式引进西方文化，所谓文明开化得以进展，形成了近代日本的基础。从幕府时代起，幕府以及藩就热衷于引进西洋文化，并创办学校，向国外派遣留学生。幕府在安政四年（1857 年）开设了名为蕃书调所的新式学校，学校后来被改为开成所，与医学所合并，在明治十年（1877 年）成为东京大学。此外，萨摩藩在嘉永六年（1853 年）创设了实验工厂“集成馆”。那正好是培里来日的那年，当时的藩主岛津齐彬（1809～1858 年）不仅在集成馆建造了反射炉，还制造了玻璃以及陶瓷器。岛津齐彬死后，集成馆生产一度中断，但从元治元年（1864 年）起改为军工厂，制造大炮、枪支、船舶。除此以外，佐贺藩在嘉永五年建成的反射炉也很有名。幕府曾经命令代官江川太郎左卫门（1801～1855 年）在伊豆韭山建造反射炉。像这样，西洋的科学技术被引进到以军事为中心的各个方面。武田楠雄对日本在引进西洋科学技术时西洋科学技术与日本传统技术的关系很有研究。毋庸置疑的是，在明治维新以后，在政府的鼓励下，以富国强兵为目标，各种技术得到了显著发展。

在东亚各国，只有日本在引进西洋文化方面如此迅速。关于其原因，近些年来因为在韩国以及台湾地区，现代化、工业化也取得了成功，所以有人认为儒教文化圈存在现代化的共通点。然而，日本虽然接受了儒学，但与中国以及李氏朝鲜相比有很大的不同。如前所述，儒学因为作为学术以及思想传入日本，即便在道德方面产生了影响，但因为没有引进同姓不通婚那些儒学的礼法即社会制度，在那样的意义上，不妨认为日本没有真正进入儒教文化圈对当时日本的现代化起到了积极作用。

日本曾存在从镰仓时代持续到江户时代的武士政治。说起武士政治，容易给人以军事政权的印象，但那在日本具有相当独特的性质。武士身份本身，正如从统治者以及领主这些观念所联想到的那样，那并不是特权阶级。武士的存在意义在于实行军事上、政治上的各种国家义务（“役”），武士的社会制度也以此为基础，要求高效率和简朴。从儒教本来的观点来看，应该建立起井然有序的官僚组织，而在武士时代，却发展了以实用性、效率性为重点的日本独特的政治组织。即便就武士个人的生活方式而言，且不谈剑术，在修筑城墙等场合也必须拥有技术知识。对武士来说，具有实际技术人员的技能比具有文人的文学以及哲学等教养更为重要。不妨认为，在引进西洋的近代科学技术文明时有效地发挥作用的正是这种武士社会的状况。从儒学的角度来看，正如《孟子》中所说的那样，“劳心者治人，劳力者治于人”，也就是说，儒学认为从事脑力劳动的人是统治者，从事体力劳动的人（技术人员）身份低是天经地义的。与这种传统观点相反，武士与其说是知识分子，还不如说更接近技术人员。即便在现代日本，毕业于工学院的人（工程师）在企业以及政府机关的地位且不说与东亚相比，即便与欧洲以及美国相比都要高。不妨认为，那是因为武士社会的传统在某些方面依然持续着。

福泽谕吉像

当然，只凭借传统观念还不能引进西洋文明，因此传入了新的近代观念。被称为明治初期启蒙思想的便是那种观念，福泽谕吉的《西洋事情》以及《劝学篇》等便是那种思想的代表。《劝学篇》

由十七篇构成，从明治五年到九年陆续刊行，获得了大量的读者。有名的“天不造天上之人，不造人下人”这种平等主义的主张常常作为打破封建社会歧视的崭新观点而受到人们的关注。但当时的人并没有将它作为特别令人震撼的主张来接受。虽然江户时代根据等级不同职责也有所不同，但基本上认为人是平等的，因此并没有特别强烈的不相融的感觉。另外，“一身独立，一国独立”这句福泽谕吉的话与明治初年的畅销书之一《西洋立国篇》(明治四年刊)有共通之处。那是由中村敬宇(正直，1832～1891 年)所翻译的英国的塞缪尔·斯迈尔斯(Samuel Smiles，1812～1904 年)撰写的《自助论》，该书汇集了西洋的有志气、克服了重重困难的人物的传记和故事。“天助自助者之谚乃确切经验之格言也。……大凡自助之精神者由人之才智所生规则也。若推而言之，自助之人民愈多，则邦国必振兴，精神强盛。”也就是说，即便有才能和素质，但如果没有凭借自己的力量生活下去的精神，他的才智也得不到发挥。如果从欧洲本来的个人主义的观点来看，自立的精神当然是必要的，正如认为那符合神的意志一样，让人觉得与基督教的立场有关联，但在这里看不到那样的观点。福泽谕吉、中村敬宇都主张自立的精神对日本国家的独立、发展有益。可以说，在明治初年肩负日本未来的那些人的观点在上述著作中很好地体现出来了。

西洋的近代化和传统的矛盾

日本社会就这样走上了近代化的道路，但是西洋化即近代化同时也带来与传统的矛盾，在某些方面起到了改变以及破坏传统的作用，即便在今天也遗留下了各种各样的问题。下面让我们举几个例子来说明。

欧洲以及美国的社会是个人主义的社会，通过契约形成了个人与个人之间的关系。而在日本传统的社会，也就是明治以前的社会，尽管存在遵守契约以及诺言的精神，但对于形式上的契约，想法则比较宽松。例如，江户时代屡屡发布了“借贷两清”的布告，没有受理涉及旧账的诉讼，那意味着将欠账一笔勾销。因为如果逼债的话，会有人无法承受，因而采取了缓解的政治措施。而且，明治政府还禁止放高利贷。明治时代的樋口一叶(1872～1896 年)以及尾崎红叶(1867～1903 年)的小说则描写了为高利贷所苦的人的生活。

即便就所有权的问题来看,尽管江户时代存在有关土地权的观念,但西式所有权,即绝对的所有权并不是日本的传统观念。农民各自拥有自己的土地用于耕种,在当时被称为“所持”。但是,明治政府将修改江户幕府在幕府末期签订的不平等条约作为外交上的重大课题,必须向国外表明日本是文明国家。特别是外国方面认为没有必要与法律不健全的国家签署对等的条约,所以日本匆忙制定了近代法律。在引进了西式法律制度之后,所有权的观念也发生了变化。在明治五年,明治政府在全国范围向农民交付了土地所有权证书。如果佃农是租种地主的土地,则将证书交给了地主。这样一来,土地所有权成了特定的个人财产。之前,虽然存在地主和佃农的关系,但地主的权利并不是绝对的,现在那逐渐变成了单方面的支配关系,后来在整个明治时代,地主佃农制度普及了。现代的土地问题如果追溯起来的话,可以说是在所有权观念没有像欧洲那样在人们心中扎根的日本社会突然引进新观念,因而导致了畸形的结果。

此外,还存在围绕民法法典编纂的问题。那项工作从明治初年开始,在明治二十二年形成了草案。负责起草的是司法省法学校的人,法国民法学者保阿索那特(Boissonade,1825～1910 年)进行了指导。对此,以东京大学为中心的研究英国法律的学者进行了强烈反对,出现了关于民法典的争论。那不仅是英国法与法国法在学派上的对立,而且还存在触及法本身的要素。以法国的《拿破仑法典》为代表的欧洲大陆各国的法律虽然逻辑性强,有体系,但存在较强的无视习惯法以及传统的倾向。而英国法的特色在于它与大陆法相比,重视习惯法。倾向于英国法的一方主张:即便在日本,也应该将习惯法即传统的社会习惯采纳到民法之中。但是,不论采取哪一方,使所有内容与日本的传统一致是非常困难的。结果是,虽然不像法国法那么彻底,但仍制定了欧式民法,而且在户主权方面问题特别突出。户主是一家之主,但欧洲存在户主拥有绝对的权力,支配家人以及佣人这种家长制的传统。而在日本的家族制度下，一家之主的确代表家族，但因为家族同时又是一种共同组织，不是单方面的支配与服从的关系，一家之主的权力也不是绝对强大。妻子作为一家的女主人权力也很大。但是，由明治民法所规定的户主权非常强大。因为家族的财产即家庭共有的财产那种观念在欧洲法的立场也不被承认，所以那就成了户主的个人财产。另外，还制定了家人结婚以及其他事情必须得到户主的许可的规定。那些成为给明治以后的家庭制度以及家庭和个人的关系带来前所未有的新问题的原因。

如果看一看近代文学的历史便可得知，早在二叶亭四迷（1864～1909年）的《浮云》、森鸥外（1862～1922年）的《舞姬》，以及那之后的岛崎藤村（1872～1943年）、夏目漱石（1867～1916年）的作品中，近代自我的发展屡屡与家族发生冲突。描写逃离家庭，或者一边与家庭抗争一边努力发展自我的人物的作品比较多，那构成了日本近代文学的特色之一。在西洋近代的文学中，家族以及家人起到的似乎是协助并保护个人成长的作用。而在日本，起作用的与其说是传统家族本身的性质，还不如说是明治以后近代化家族制度的负的一面。

国家神道及其影响

在宗教方面，明治政府采取了国家对神道进行保护即国教化这样的政策，在明治元年（1868年）发布了“神佛分离令”，明确了神和佛的区别。在那之前，有不少地方弄不清是寺庙还是神社，有些地方虽然形式上是神社，但实际上被称为社僧的僧侣掌管仪式，他们掌握着神社的管理权，占据比神职更高的地位，石清水八幡宫等便是那样。因为这一政策，石清水八幡宫等的僧侣被驱赶，佛像遭到破坏，成了纯粹的神社。那种被称为“废佛毁释”的排斥佛教的事情在各地发生，从春日神社分离出来的兴福寺也遭到了破坏，只剩下很少一些建筑。因此，当时丧失了相当多的文化遗产。此外，因为那一政策，神社的性质也发生了变化。例如，京都的祇园神社本来祭祀的是叫做牛头天王的印度的神，作为驱除疫病的御灵会而举行祇园祭。因为地处八坂乡，所以祇园神社这一传统名称被改为八坂神社。所祭祀的神也不再是牛头天王，而是素戋鸣命。在《古事记》以及《日本书纪》的神话中出现的众神在神社实际被祭祀的例子较少，因为素戋鸣命是力量较大的神，所以用他替代了牛头天王。这种事情不仅在祇园神社，在各地的其他神社也都可见。

《古事记》、《日本书纪》原本是讲述国家成立由来的历史书，祭祀其中的众神意味着神社本身变成了祭祀国家神的地方。进而作为祭祀为国家尽忠的人的神社，新创设了祭祀南北朝时代的楠木正成的凑川神社（神户市），此外还创设了以天皇为祭神的橿原神宫以及平安神宫等。许多大神社都由国家管理，神官由政府任命。因为这样的神社制度而成为支撑国家宗教的神道信仰，在第二次世界大战后被占领日本的美军称为“国家神道”。美军以该制度是军国主义的支柱为理由，将其废止。但是，神社制度的影响即便在现在依然残留着，不过对神社的传统信仰发生了一些变化。正如在室町时代的“三社托宣”中看到的那样，神本身也具有人的性质，但这个时候那种印象不复存在，变成了严肃、难以靠近、宗教内容稀薄的存在。而且，还出现了各种各样的试图追寻被国家所剥夺的神信仰原初内容的新兴宗教。

近代哲学和传统思想

关于哲学以及思想方面，由于学习欧美的哲学以及思想的做法成为主流，所以很少出现独创的思想。不过，明治末期出现了西田几多郎（1870～1945 年）。西田在他最初的著作《善的研究》（明治四十四年刊行）的序言中写下了“不是有个人才有经验，而是有经验才有个人”这样的名言，那让人想起镰仓佛教的道元的思想。道元在《现成公案》中表明：他个人对首先有自己这样的存在，然后通过活动来认识各种各样的真理这样的想法感到迷惑不解。这一说法虽然与西田几多郎的文章在表述上有所不同，但在认识上有相同之处。西田本身有过坐禅的经历，也精通禅的思想。可以说，通过近代哲学即西洋哲学的概念来表现禅的思想是西田哲学的基本特色。而他的禅的思想中，与特别具有日本特色的道元的思想有一致之处，这一点值得关注。

此外，“行为的直观”也是西田哲学的重要概念之一，那是指人在行为中认识真实。作为与之类似的概念，在儒学领域，中国有兴起于明代的针对朱子学的阳明学的“知行合一”。那不是说认识了的事情必须实行这种单纯的意思，而是说认识就是行动，行动就是认识这样的意思。也就是说，不行动就不是真正的认识，认识和行动是相同的。这与在前文中提到过的道元的“辩道”中所说的“修”、“证”一致的思想，即认为“修”（修行，即行动）和“证”（悟，即认识）并不是不同事情的思想有些相似。因为阳明学中有与日本思想的共同之处，所以它在日本比起朱子学更受欢迎。在江户时代，朱子学在教育上比较普及，不过对阳明学感兴趣的个人比较多。特别是在幕府末期，在政治运动中活跃的人物，像西乡隆盛（1827～1877 年）、吉田松阴（1830～1859 年）、横井小楠（1809～1869 年）等，都关注过阳明学，这一点广为人知。明治以后也是那样。我所使用的“良心”这个词就是来自阳明学的“良知”。

另外，创建了独特思想体系的伦理学家和辻哲郎（1889～1960 年）撰写了《作为人学的伦理学》（1934 年刊行）一书，该书的标题很好地体现了他的思想。和辻哲郎认为伦理学是关于人的道德的学问，但人不是个人，而是名副其实的人与人之间即亲子、友人等各种“关系”中的存在。和辻哲郎的这一主张与切合社会人际关系来思考道德问题的伊藤仁斋以及荻生徂徕的思想有些相似。而且，西田几多郎以及和辻哲郎都摆脱了拘泥于抽象意义上的“个人”的想法。可以说西田哲学将焦点聚集在作为社会存在进行活动时的内在精神状态上，而和辻哲郎的思想则客观地关注人们的社会行动方式。就与传统的日本思想的关系而言，前者与从天台本觉论到镰仓佛教的潮流相连，而后者则与从伊藤仁斋、荻生徂徕到本居宣长的系谱相连。这两者的共同点是：不是以抽象意义上的个人，而是以在社会上行动的具体的个人为基础来思考人生的各种问题。

可以认为：作为日本社会传统构造的共同体性质构成了两者的思想背景。家族、村落、城镇，进而整个国家具有一种共同体性质。例如，在日本人看来，不论是中国人还是西洋人都非常强烈地主张自我，那是所谓个人主义社会的特征，有人以此为基准批判个人主义在日本没有得到发展。但是，即便在日本的传统社会，个人并没有被轻视、无视。在日本明确存在过以日本的方式尊重个人、发挥作为个人的自我的思想。不过，日本的个人意识的特色在于重视人际关系，强调忠实地履行自己的职责就是发挥自我的个性，可以说那具有与共同体社会相符的个人的状态。不妨认为西田几多郎以及和辻哲郎的思想在表现传统宗教以及思想的同时，将那种传统现代化了。

历史和现代

在谈论现代的日本，或者在对日本的将来进行展望的时候，作为论述的前提，往往有人说日本人怕“官府”、顺从权威，并认为那种倾向是在历史上形成的。但是，在对日本的社会以及生活文化从整体上进行回顾的时候，我们得出的是相反的结论：日本人的历史特色在于不一定顺从。建立古代国家，受到万叶歌人赞美的天武天皇是一个叛逆者。因为平安京的贵族不顾地方上的人的利益，致使武士势力抬头，取代了国家的公共权力。在那个时代，天皇以及上皇试图去打倒武士政权，他们的行动却被世人称为“御谋反”，那是因为世人认为与天皇的统治权威相比，在当时作为公共权力而实际发挥作用的武士政权占有着优势。在原本具有共同体性质的国家，公共权力不是由一部分人垄断的东西，在出现类似于垄断状态的时候，一定会引起世人的反感，从而引发社会组织变动，那便是日本的历史。

改变这一传统的是在明治维新以后引进的西洋文化即西洋化。协同组织的“家族”在法制上变成了家长制的形式，天皇也变成了类似于西欧的皇帝的存在。明治宪法（《大日本帝国宪法》）第三条是“天皇神圣不可侵犯”，那很容易被认为体现了《古事记》、《日本书纪》神话中的传统思想，而实际上那是从当时的奥地利、匈牙利帝国的宪法翻译过来的。据说在以伊藤博文为中心推进制定宪法的过程中，一开始在日本方面的草案中并没有那样的内容，那是根据德籍顾问罗斯勒（Karl Friedrich Hermann Roesler，1834～

1894年)的意见加上去的。因为明治宪法的颁布,天皇的地位接近西欧的专制君主。不过,在颁布宪法的第二年(1890年)公布的“教育敕语”中有以“德”即道德作为最高的价值,天皇与国民一道来遵守这样的内容。但是,后来,以昭和十年(1935年)的天皇机关说①为界,天皇的权力即国家的权力被绝对化,并在那样的体制下开始了中日战争(1937年)和太平洋战争(1941年),日本最终走向战败。

在那期间,日本国民基于传统共同体的国家意识,完全遵照命令投身战争,牺牲惨重。通过那种残酷的体验,人们深切地感受到了国家权力的恐怖。另一方面,因为政府对经济的管制,国家权力膨胀,即便在战争结束以后,开战以及发动战争的责任也不明确,只是强大的官僚机构在战后残留下来了。如果说现代的日本人怕“官府”的话,那么那来自那场战争以及战后的政治状态,与历史是另外一回事。贺茂真渊在《国意考》中指出:“一般人若外表温和,想必内心亦如此,岂有虚伪之心。稍有地位之人大概以为服从他们的人理应那样,岂不知那是暂且不得已才服从。”希望在现代政界以及言论界的精英人物能读一读这一段。如果说有可能为日本的将来开辟新的展望的话,那么必须先从正视上述“西洋化”的弊端,并基于西洋化以前的传统事物来构想日本的将来着手。

① 译者注:天皇机关说指由东京帝国大学教授美浓部吉达(1873～1948年)提出的主张天皇是法人即国家的最高机关,统治权归国家所有的宪法学说,该学说与天皇主权说对立,1935年因此被迫辞去贵族院议员之职。

参考文献

第一章

佐原真:《日本人的诞生》,《大系日本的历史》1,小学馆,1987年。

安田喜宪:《列岛的自然环境》,《岩波讲座日本通史》1,岩波书店,1993年。

埴原和郎:《日本人的起源》,朝日出版,1987年。

第二章

津田左右吉:《日本古典的研究》(上、下),岩波书店,1948年、1950年。

水野正好:《岛国的原像》,《日本文明史》2,角川书店,1990年。

水野正好:《坟墓》,《周刊朝日百科》之《日本的历史》43,1987年。

和田萃:《古坟的时代》,《大系日本的历史》2,小学馆,1988年。

和辻哲郎:《日本伦理思想史》(上),岩波书店,1952年。

吉田孝:《律令国家和古代的社会》,岩波书店,1983年。

沟口雄三:《中国的公和私》,研文出版,1995年。

义江明子:《日本古代的氏的构造》,吉川弘文馆,1986年。

长山泰孝:《古代国家和王权》,吉川弘文馆,1992年。

高木市之助:《古文艺之论》,岩波书店,1952年。

第三章

辻善之助:《日本佛教史·上世篇》,岩波书店,1960年。

井上光贞:《日本古代的国家和佛教》,岩波书店,1971年。

末木文美士:《日本佛教史》,新潮社,1992年。

宇井伯寿:《佛教思想研究》,岩波书店,1940年。

直木孝次郎:《我的法隆寺》,塙书房,1979年。

井上薰:《行基》,《人物丛书》24,吉川弘文馆,1996年。

第四章

宫地直一:《神道史》(上),理想社,1958年。

高取正男:《神道的成立》,平凡社,1979年。

田中久夫:《祖先祭祀的研究》,弘文堂,1977年。

鹫见等曜:《前近代日本家族的研究》,弘文堂,1983年。

吉川真司:《天皇家和藤原氏》,《岩波讲座日本通史》5,岩波书店,1995年。

阿部秋生:《源氏物语的物语论》,岩波书店,1985年。

胁田晴子:《日本中世女性史的研究》,东京大学出版会,1992年。

第五章

井上光贞:《日本古代的国家和佛教》,岩波书店,1971年。

田村芳朗等编:《天台本觉论》,《日本思想大系》9,岩波书店,1973年。

第六章

柳田国男:《家闲谈》,1946年(收录于《定本柳田国男集》第15卷,筑摩书房)。

辻善之助:《日本佛教史·中世篇之一、二》,岩波书店,1947年、1949年。

岛地大等:《论日本古天台研究的必要》,收录于黑田俊雄编:《思想史·前近代》,《历史科学大系》19,校仓书房,1979年。

宇井伯寿:《佛教泛论》(下),岩波书店,1948年。

大桥俊雄校注:《法然、一遍》,《日本思想大系》10,岩波书店,1971年。

星野元丰等:《亲鸾》,《日本思想大系》11,岩波书店,1971年。

寺田透校注:《道元》(上、下),《日本思想大系》12、13,岩波书店,1970年、1972年。

户顷重基等校注:《日莲》,《日本思想大系》14,岩波书店,1970年。

川崎庸之编:《源信》,《日本的名著》4,中央公论社,1972年。

塚本善隆编:《法然》,《日本的名著》5,中央公论社,1971年。

石田瑞麿编:《亲鸾》,《日本的名著》6,中央公论社,1969年。

玉城康四郎编:《道元》,《日本的名著》7,中央公论社,1974年。

纪野一义编:《日莲》,《日本的名著》8,中央公论社,1970年。

第七章

《图说日本文化的历史》6(南北朝、室町),小学馆,1980年。

尾藤正英:《日本的历史意识的发展》,《岩波讲座日本历史》22,岩波书店,1963年。

植村清二:《楠木正成》,中公文库,1989年。

第八章

尾藤正英:《何谓江户时代》,岩波书店,1992年。

竹田听洲:《民俗佛教和祖先信仰》,东京大学出版会,1971年。

竹田听洲:《近世社会和佛教》,《岩波讲座日本历史》9,岩波书店,1975年。

最上孝敬编:《葬送墓制研究集成》(第四卷)《墓的习俗》,名著出版社,1979年。

田中久夫:《祖先祭祀的研究》,弘文堂,1977年。

第九章

胜俣镇夫:《战国时代论》,岩波书店,1996年。

大江文城:《本邦儒学史论考》,全国书房,1944年。

尾藤正英:《新井白石的历史思想》,《日本思想大系》35,岩波书店，1975 年。

尾藤正英：《水户学的特质》，《日本思想大系》53，岩波书店，1977 年。

第十章

尾藤正英：《日本封建思想史研究》，青木书店，1961 年。

尾藤正英编：《元禄文化》，《周刊朝日百科》之《日本的历史》70，1987 年。

颖原退藏：《俳谐精神的探究》，1944 年（收录于《颖原退藏著作集》第 10 卷，中央公论社，1980 年）。

中村幸彦：《近世小说史的研究》，1961 年（收录于《中村幸彦著述集》5，中央公论社，1982 年）。

第十一章

岛田虔次：《朱子学和阳明学》，岩波新书，岩波书店，1967 年。

吉川幸次郎：《仁斋、徂徕、宣长》，岩波书店，1975 年。

清水茂校注：《童子问》，岩波文库，岩波书店，1970 年。

尾藤正英编：《荻生徂徕》，《日本的名著》16，中央公论社，1949 年。

第十二章

三枝康高：《贺茂真渊》，《人物丛书》93，吉川弘文馆，1962 年。

相良亨：《本居宣长》，东京大学出版会，1978 年。

沼田次郎：《洋学》，《日本史丛书》40，吉川弘文馆，1989 年。

田崎哲郎：《在村的兰学》，名著出版社，1985 年。

第十三章

井野边茂雄：《新订维新史的研究》，中文馆书店，1935 年。

尾佐竹猛：《明治维新》，1944 年（宗高书房，1978 年再刊）。

尾藤正英：《尊王攘夷思想》，《岩波讲座日本历史》13，岩波书店，1977 年。

尾藤正英：《明治维新和武士——尝试以“公论”的理念重新建

构维新史》(收录于《何谓江户时代》)。

鸟海靖:《日本近代史讲义——明治立宪制的形成及其理念》,东京大学出版会,1988年。

第十四章

武田楠雄:《维新和科学》,岩波新书,岩波书店,1972年。

丹羽邦男:《土地问题的起源》,平凡社,1989年。

西谷启治编:《西田几多郎》,《现代日本思想大系》22,筑摩书房,1968年。

唐木顺三编:《和辻哲郎》,《现代日本思想大系》28,筑摩书房,1963年。

尾藤正英:《日本史上的近代天皇制——天皇机关说的历史背景》(收录于《何谓江户时代》)。

译者后记

本书的著者尾藤正英(Bito Masahide)教授1923年出生于大阪市，1949年毕业于东京大学文学院国史学科。现任东京大学名誉教授，2002年当选为日本学士院第一分科(文史哲)会员，2003年获得瑞宝重光奖章。专业方向为日本近世史、近世思想史。主要著作有《日本封建思想史研究》(青木书店，1962年)、《何谓江户时代》(岩波书店，1992年)以及本书《日本文化的历史》(岩波新书，2000年)。

日本学士院是"由文部科学省设置的优待在学术上功绩显著的科学家"的机构，会员共有127名，其中日本史方向1名，即本书作者尾藤教授。日本学士院会员大概相当于我国的"院士"吧。只不过与我国不同的是，"科学家"并不限指理工学科的，而是泛指包括医文史哲法等在内的所有学科的专家。日本学士院官网上载有对尾藤教授主要学术成就的评价：

> 尾藤正英先生通过将江户时代儒学家的思想与中国儒学进行比较，阐明了其异质性，并通过对构成其背景的生活意识以及社会观、社会构造进行比较，探讨了日本历史固有的内在逻辑。先生对"役人"、"役所"等中文中所没有的"役"的概念给予关注，阐明了日本近世国家制度的特色，另外还结合古代历史上的形成过程第一次阐明了易于被误解的日本人的宗教的性质。
>
> (http://www. japan－acad. go. jp/japanese/members/1/

bito_masahide.html)

以上评价也可以说是对本书内容的概括，可见本书最能代表尾藤教授的观点。尾藤教授强调日本文化与中国文化的差异以及日本历史固有的内在逻辑，除了上述“役”的概念以外，还对中日两国“姓氏”的本质性差异进行了深刻的分析。这种视点对纠正国人长期以来将“日本文化视为大陆文化的变种，根本不承认那是有独特价值的文化”（本书“前言”）的偏见也许能够起到一定的作用，这也是译者选择翻译本书的最主要的目的。

尾藤教授在本书的“前言”中对所谓日本人论进行了以下批判：“在立足于个人的观察或者在海内外的体验的时候，无论在那里显示出多么出色的洞察，仍然难免会有主观随意性。”并认为缺乏对日本文化形成过程的历史性考察是导致这种弊端的根本原因。但遗憾的是，这样的批判似乎也可以原原本本用于作者自身。例如，在本书中“日本的特色”之类的措辞频繁出现，有些地方不免有些牵强之感。例如，在第一章中有这样的内容：

> 虽然当时日本处于物质丰饶的自然环境之中，却没有追求财富的集中以及权力的扩大，因此没有像同时代的西亚那样为了建造都市以及神殿而破坏自然森林，而是长期维持了与自然的和谐、共存的社会，这一点是绳文文化的特色。

从本书第 7 页的“世界各地区文明状态”图也可以清楚地看出：当时的日本还处于采集经济阶段，还没有形成大量的财富，自然也不具备建造都市以及神殿的技术。做不到与能做到却不那样做是不同的，将两者加以混淆，并据此梳理出绳文文化的特色，不得不说那样的做法也带有“主观随意性”。

译者数次将本书用作硕士研究生“日本文化专题”课的教材，也在课堂上就一些问题与同学们进行过讨论，应该说对书的内容还是比较熟悉的。不过，因为本书时间跨度大，特别是不少内容与佛教相关，而译者又是彻底的无神论者，所以对一些内容理解不够透彻，难免有误读、误译之处。另外，为了使没有日本文化史背景知识的读者也能轻松阅读此书，译者切合内容添加了一些图片。不当之处，恳请读者谅解。

彭　曦

2009年12月14日于南京大学逸夫馆

阅读日本书系选考委员会名单

姓名	单位	专业
高原　明生(委员长)	东京大学 教授	日中关系
苅部　直　(委员)	东京大学 教授	政治思想史
小西　砂千夫(委员)	关西学院大学 教授	财政学
上田　信　(委员)	立教大学 教授	环境史
田南　立也(委员)	日本财团 常务理事	国际交流、情报信息
王　中忱　(委员)	清华大学 教授	日本文化、思潮
白　智立　(委员)	北京大学政府管理学院 副教授	行政学
周　以亮　(委员)	首都师范大学 副教授	比较文化论
于　铁军　(委员)	北京大学国际关系学院 副教授	国际政治、外交
田　雁　　(委员)	南京大学中日文化研究中心 研究员	日本文化